U0105237

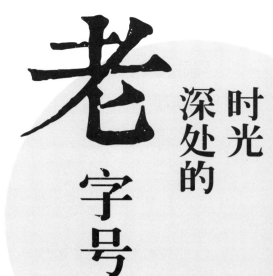

老字号

时光深处的

SHIGUANG SHENCHU DE
LAO ZIHAO

江 涛 编著

团结出版社

图书在版编目（ＣＩＰ）数据

时光深处的老字号 / 江涛编著. -- 北京 ： 团结出
版社，2020.12
　　（中华传统文化品读系列丛书）
　　ISBN 978-7-5126-8409-6

Ⅰ．①时… Ⅱ．①江… Ⅲ．①老字号－介绍－中国
Ⅳ．①F279.24

中国版本图书馆 CIP 数据核字 (2020) 第 213026 号

出　版：团结出版社
　　　　（北京市东城区东皇城根南街 84 号　　邮编：100006）
电　话：(010) 65228880　 65244790 　（出版社）
　　　　（010）65238766　 85113874 　65133603（发行部）
　　　　（010）65133603（邮购）
网　址：http://www.tjpress.com
E-mail：zb65244790@vip.163.com
　　　　fx65133603@163.com（发行部邮购）
经　销：全国新华书店
印　装：天津盛辉印刷有限公司

开　本：170mm×230mm　　 16 开
印　张：15.75
字　数：218 千字
版　次：2020 年 12 月　 第 1 版
印　次：2020 年 12 月　 第 1 次印刷

书　号：978-7-5126-8409-6
定　价：66.00 元

前言

时间就像一列火车，车轮碾过了日日夜夜，碾过了春夏秋冬。高速发展的社会，每个人每天都忙忙碌碌，却不知道前方到底在哪里。高楼大厦替代了大街小巷，机器流水线代替了手工作坊，科技的发展在加快生活节奏的同时却少了那份温润的心情……回想过去的悠悠岁月，在我们记忆深处渲染着儿时美好生活的点点滴滴——曾记否？春日的午后，卖小鸡的小贩的吆喝声回荡在大街小巷；晚霞中，叮叮当当的打铁声伴随着袅袅的炊烟断断续续；炎炎夏日里，自行车载着装满冰棍儿的箱子，伴随着一声声悠远的"冰棍儿……冰棍儿……"的叫唤；年关将至，各种售卖吃食玩意儿的小摊周围挤满了大人和孩童……

对于过去的岁月来说，那些在百姓生活中广为流传的手工技艺、百业行当，是一个个鲜活的文化符号，凝聚着人类的智慧和心血，承载了太多人们难以忘却的记忆，是人类精神的重要遗存。

但随着经济的飞速发展和城市生活的巨变，时光深处的那些老工艺、老行当、老字号，那些与老百姓日常生活息息相关的老游戏、老物件等，正渐渐淡出人们的视线；老艺人人衰艺绝、老工艺失传掺假、老字号生存艰难等现象层出不穷。或许几十年后，我们只能在冰冷的文献资料中，寻找、追忆它们了。

古老的民间民俗文化艺术，凝聚了无数匠人的坚持与守护，这里面有匠心，有文化意蕴。我们不该忘记，而是应该传承。如今，国家、社会和一些团体、个人采取了一系列的措施保护这些传统工艺、行当、字号等。有感于此，在搜集大量资料的基础上，本人编写了这套"中华传统文化品读系列"丛书，从老工艺、老行当、老字号和老玩意儿四个方面，介绍了大量过去的民风民俗、技艺传承等。

老工艺是我国自古至今传承不息的造物文化，承载了中华民族生产生活的经验和对美的追求，随着工业化的发展、生活方式的转变，传统工艺从衣、食、住、行、用等生活舞台的中央走向边缘，工艺传承和工艺文脉逐渐模糊、零落，面临断层、流失的危机。

老行当，是对社会上正在消失的各行各业的总称。不同职业的分工称为

"行"，行当中所做的事，称为"当"。现在科技越来越发达，很多当年的老行当都已渐渐没落，给我们留下难以忘却的日常生活场景。

老字号是当年商业才俊经历了艰苦奋斗的发家史才得以最终统领一方的行业，其品牌也是为社会所公认的质量的同义语。随着现代经济的发展，老字号显得有些"失落"，目前，全国各行各业共有老字号商家约1万家，到今天仍在经营的却不到千家。

老玩意儿包括民间游戏、民间娱乐项目、民间物件等，它主要流行于人们的娱乐生活之中。民间游戏里的打瓦、拔老根儿、火柴枪等，现在的小孩子知道的很少了；民间使用的风箱、纸缸、煤油灯等，生活中也很少见了……

文化兴，国运兴；文化强，民族强。中华民族传统文化源远流长，是中华民族的"根"与"魂"，是智慧的结晶，是时代的承载，也是民族性格、民族精神、民族创造的标志，丧失了这些，就无法承前启后，继往开来。

提高国家文化软实力和中华文化影响力，关系着国家综合国力的提升，关系着中国大国形象的展示。民间传统文化是民族的，也是世界的宝藏。虽然时移世易，但值得永久保存、传承下去。

冯骥才提出："我们的民间文化太博大、太深厚、太灿烂，任何个人都无法承担这一伟大又艰巨的使命，需要我们联合起来，深入下去，深入民间，深入生活，深入文化，深入时代。"

观复博物馆馆长马未都说过："如果有一天，中国重新成为世界最强国，依赖的一定是我们的文化，而不是其他。"

这套"中华传统文化品读系列"丛书，不仅可供曾经经历过、见证过那段载满历史记忆的岁月的过来人享受怀旧的乐趣，亦可以让没有经历过那段生活的人们了解曾经长期存在过的那些传统文化和文明。

读者通过本套丛书可以知道，中华民族文化源远流长，东方文明古国物产丰饶。中华传统文化是一棵根深叶茂的大树，是国之瑰宝。

由于老工艺、老行当、老字号和老玩意儿品类众多，限于字数和篇幅，本套丛书只选取了最精彩、最有趣、最贴近生活的部分，分门别类予以介绍，以飨读者。希望通过本套丛书，让更多的人关注民间传统文化，留住民族文化之根。

江 涛

己亥年壬申月于杭州

第一章　美酒佳酿类老字号

第二章　饭店美食类老字号

第三章　茶药调味类老字号

第四章　生活与文化类老字号

第一章

美酒佳酿类老字号

中国制酒历史源远流长，酒文化贯穿整个中华五千年的文明史，从诗词歌赋中就可以看出中国酒文化的深厚底蕴。欢聚时——『人生得意须尽欢，莫使金樽空对月』；离别时——『劝君更尽一杯酒，西出阳关无故人』；高兴时——『白日放歌须纵酒，青春做伴好还乡』；忧愁时——『抽刀断水水更流，举杯消愁愁更愁』；对着花——『看花饮美酒，听鸟鸣晴川』；看见月——『明月几时有，把酒问青天』……

白酒生产，由于采用不同的设备、不同的工艺、不同的原料，以及自然条件的差别，形成了不同的香型，同一香型中又形成了不同的流派。随着时代的发展和积累，我国出现了很多著名的酒类老字号，有段子形容各大名酒：茅台卖贵，五粮液卖尊，剑南春卖喜，郎酒卖红，洋河卖情怀，金六福卖福，古井贡酒卖年份，等等。总之，这些酒类老字号各具特色，不仅是中华民族的酒类传承，还是中华民族的文化遗产，值得我们去了解和关注。

茅台酒：空杯留香回味长

茅台酒是贵州省遵义市仁怀市茅台镇特产，是中国大曲酱香型酒的鼻祖，被尊称为"国酒"。它具有酱香突出、幽雅细腻、酒体醇厚丰满、回味悠长、空杯留香持久的特点，茅台酒独有的香味称"茅香"，是由酱香、窖底香、醇甜三大特殊风味融合而成，有人赞誉其"风味隔壁三家醉，雨后开瓶十里芳"。

渊 源

茅台酒因产自茅台镇而得名。茅台镇被誉为"中国第一酒镇"，古代世居濮僚部落，历代濮僚人在此茅草地筑台祭祀祖宗，称之为"茅草台"或"茅台"。

在汉代，今茅台镇一带有了"枸酱酒"。《遵义府志》载："枸酱，酒之始也。"司马迁在《史记》中记载：建元六年（公元前135年），汉武帝令唐蒙出使南越，唐蒙饮到南越国（今茅台镇所在的仁怀县一带）所产的枸酱酒后，将此酒带回长安，敬献武帝，武帝饮而"甘美之"，并留了"唐蒙饮枸酱而使夜郎"的传说。枸酱，经考证为仁怀赤水河一带生产的用水果掺加粮食经发酵酿制的酒。

在中国的酿酒史上，真正完整用粮食经制曲酿造的白酒始于唐宋。当时，赤水河畔茅台一带所产的大曲酒，就已经成为朝廷贡品。

至元、明期间，酿酒作坊就已经在茅台镇陆续兴建，当时，酿酒技巧已首创了独具特点的"回沙"工艺。

至明末清初，仁怀地域的酿酒业达到村村有作坊的程度。在此期间，茅台地域独步天下的回沙酱香型白酒已臻成型。到了康熙四十二年（1703

年），茅台白酒的品牌开端涌现。以"回沙茅台""茅春""茅台烧春"为标记的一批茅台佳酿，成为贵州白酒的精品。

"葵花"牌茅台的商标

清乾隆六年（1741年），赤水河被划为川盐入黔的四大水道之一，茅台成为黔北四大繁华集镇之一。"于今好酒在茅台，滇黔川湘客到来。贩去千里市上卖，谁不稀奇亦罕哉！"可见，清朝时茅台酒已名声在外。

1949年开国大典前夜，周恩来总理在中南海怀仁堂召开会议，确定茅台酒为开国大典国宴用酒。

1952年，茅台酒厂成立，它由三家作坊整合而成，分别是成义烧房（华茅）、荣和烧房（王茅）以及恒兴酒厂（赖茅）。

1996年，茅台酒工艺被确定为国家机密加以保护。

2006年，茅台酿制技艺入选国家级非物质文化遗产名录，茅台是酱香型白酒工艺的唯一代表。

流　程

茅台酒的酿制技术被称作"千古一绝"。茅台酒以本地优糯高粱为原料，用小麦制成高温曲，而用曲量多于原料。用曲多、发酵期长、多次发酵、多次取酒等是茅台酒的独特工艺。

酿制茅台酒要经过2次下料、9次蒸煮、8次摊晾加曲（发酵7次）、7次取酒，生产周期长达1年，再陈贮3年以上，勾兑调配，然后再贮存1年，使酒质更加和谐醇香，绵软柔和，方准装瓶出厂，全部生产过程近5年之久。

茅台酒独特的酿造工艺主要是高温制曲、高温堆积发酵、高温馏酒。

高温制曲是指茅台酒大曲在发酵过程中温度高达63℃，比其他白酒的制曲发酵温度高10℃到15℃。

高温堆积发酵是茅台酒利用自然微生物，进行自然发酵生香的过程，其堆积发酵温度高达53℃。通过高温堆积发酵，形成飞天茅台酒特殊的芳香物。

茅台酒的蒸馏温度高达40℃以上，比其他白酒高10℃到20℃。

除此之外，茅台酒工艺中还包括"三长"：生产周期长、大曲贮存时间长、基酒酒龄长。茅台酒基酒生产周期长达1年，其他白酒只需几个月或10多天即可。

茅台酒大曲贮存时间长达6个月才能流入制曲生产使用，比其他白酒多存3到4个月。

茅台酒一般需要长达3年以上贮存才能勾兑，这是其他香型白酒不具有的特点。

装茅台酒用的酒瓶，最初是用本地生产的缸瓮，从清朝咸丰年间起，改用底小、口小、肚大的陶质坛形酒瓶。1915年以后，改用圆柱形、体小嘴长的黄色陶质釉瓶。中华人民共和国成立后，改为白色陶瓷瓶和人们见到的乳白色避光玻璃瓶。

五粮液：五粮之精成玉液

五粮液是四川省宜宾市五粮液集团有限公司的明星产品，它属于大曲浓香型白酒。五粮液与茅台酿造工艺的主要区别在于茅台生产周期需要5年，五粮液的出酒周期为3个月。在1963年第二届全国评酒会上，评酒专家们给予五粮液"香气悠久、味醇厚、入口甘美、入喉净爽、各味谐调、恰到好处、酒味全面"的高度评价。

渊 源

四川宜宾，在不同的历史时期，出产过各具特色的美酒。有史可考的，诸如先秦时期僚人酿制的清酒、秦汉时期僰人酿制的蒟酱酒、三国时期苗人酿制的果酒等。到了南北朝时期，彝族人采用小麦、青稞或玉米等粮食混合酿制了一种咂酒，开启了采用多种粮食酿酒的先河。

在唐代，戎州官坊用4种粮食酿制了一种"春酒"。唐代大诗人杜甫尝到了春酒和宜宾的特产荔枝，即兴咏出"重碧拈春酒，轻红擘荔枝"的佳句。春酒后来便改名为"重碧酒"了。

在五粮液的酿制工艺成型过程中，最具影响的当数"姚子雪曲"，它是宋代宜宾绅士姚氏家族私坊酿制，使用玉米、大米、高粱、糯米、荞子5种粮食。"姚子雪曲"是五粮液最成熟的雏形。

到了明朝初年（1368年），宜宾人陈氏继承了姚氏产业，总结出陈氏秘方，五粮液用的就是"陈氏秘方"。此酒两名，文人雅士称之为"姚子雪曲"，下层人民都叫"杂粮酒"，这就是而今五粮液的直接前身。保留至今的明朝老窖，已有600多年的历史，现仍在使用。

1909年，陈氏秘方传人邓子均将酒带到一个家宴上。晚清举人杨惠泉品尝了以后，认为此酒是集五粮之精华而成玉液，建议更名为"五粮液"。从此，这种杂粮酒便以"五粮液"之名享于世人，流芳至今。

明末清初，宜宾共有4家槽坊，12个发酵地窖。到中华人民共和国成立前夕，已有德胜福、听月楼、利川永等14家酿酒槽坊。

早期的五粮液宣传册

1952年，国营宜宾五粮液酒厂正式成立，该厂在唐代"重碧春"、宋代"荔枝绿"和近代"杂粮酒"传统工艺的基础上，大胆创新，形成了酿造五粮液酒的一整套独特工艺。五粮液酒是选用优质大米、糯米、玉米、高粱、小麦5种粮食，巧妙配方酿制而成。它在大曲酒中以酒味全面著称。

2008年6月，五粮液酒传统酿造技艺入选国家级非物质文化遗产名录。

流　程

五粮液有古传"陈氏秘方"的传承，并在实践中不断改进自己的酿造技艺，它精选5种粮食作为酿酒原料，相对于单一粮食原料，多种粮食具有更加丰富的味觉物质基础和营养基础，为"酒味全面"提供了基础。

所谓"陈氏秘方"，是指陈三烤酒师的先人传下来的酿酒秘方，其秘方指几种优选的酿酒原料及搭配比例。原料是荞子、黍（黄米、非玉米）、饭米（中华人民共和国成立前不叫"大米"）、酒米（糯米）、高粱。比例是原口头流传、后经记录下来的三句顺口溜："荞子成半黍半成，大米糯米各两成，川南红粱用四成。"此处所记配方，强调了多种粮食混酿，且提出了要注意不同的搭配比例，这不仅为宜宾酒的酿制创立了一种基本的定型模式，而且成为后来明代杂粮酒和五粮液酒的传承配方。

从陈氏秘方到五粮液配方，几经修改和调整。在清末时期，五粮液传人邓子均将陈氏秘方中的9种粮食改为5种粮食，形成了第一代五粮液配方："荞子成半黍半成，大米糯米各两成，川南红粮凑足数，糟糠拌料天锅蒸。"1960年以前，五粮液采用的配方，对"陈氏秘方"中5种粮食的配比做了适当的调整。如今，五粮液的配方是：高粱36％，大米22％，糯米28％，小麦16％，玉米8％。

五粮液还独创了跑窖循环等工艺，为酿酒有益微生物繁衍的连续性创造了十分有利的条件，为优良酒质奠定了基础。独有的600多年老窖池，从未间断过发酵生产，古窖泥中的微生物种群达到数百种，这些微生物参与发酵酿造而成的五粮液，为酒的品质和口感打下了基础。

此外，五粮液独有的"包包曲"，集高温曲、中温曲的优势于一身，为出好酒提供了重要保证。具有独特外形的"包包曲"，使其接触空气的面积较一般酒曲大。五粮液"包包曲"具有糖化力强、发酵温度高、有独特香味等特点，在对原料进行糖化和发酵的同时，还产生五粮液所特有的曲香味。

五粮液在发展过程中，还创造了许多新的工艺，比如：低温入窖、双轮底发酵、沸点量水、分层起糟、分层蒸馏、量质摘酒、原酒老熟等。

牛栏山酒：清香芬芳二锅头

牛栏山酒产于燕山脚下、潮白河畔，为二锅头的正宗源头，地道口感无可复制。酿酒师蒸酒时，去第一锅"酒头"，弃第三锅"酒尾"，"掐头去尾取中段"，唯取第二锅之贵酿。历经数百年的发展，牛栏山二锅头酒已成为中国白酒清香型（二锅头工艺）的代表，深受消费者青睐。

渊　源

牛栏山镇临近潮、白二河汇合处，地下水资源丰富，水质好，适宜酿酒。在300年前，牛栏山镇的酿酒业就已十分发达，据康熙五十八年（1719年）的《顺义县志》卷二载，牛栏山酒肆茶坊等铺店亦数百家，其黄酒、烧酒为远近闻名之物产。之后的《顺义县志·实业志》亦记载：所酿之酒甘冽异常，为平北特产，销售邻县或平市，颇脍炙人口，而尤以牛栏山之酒为最著。

清末民初，牛栏山地区有烧锅四家，所产的酒运往京城及山西、山东、河南、内蒙古、天津等地。

1952年，牛栏山酒厂在富顺成、魁胜号、义信和公利4家烧锅的基础上成立，专业生产二锅头酒。

**20世纪90年代牛栏山
酒厂生产的华灯牌北京醇**

1994年，牛栏山酒厂的华灯牌北京醇荣获第32届布鲁塞尔国际精品博览会金奖。

2002年11月，牛栏山酒获得北京市首家"地理标志认证"保护的出口企业。

2006年10月，经中国酿酒工业协会专家评定，牛栏山二锅头被认定为中国白酒清香型（二锅头工艺）代表。

2006年12月，牛栏山成为首批被商务部认定的"中华老字号"。

2008年6月，牛栏山二锅头酒酿制技艺被列入国家级非物质文化遗产名录。

流　程

牛栏山二锅头具有自己独特的传统酿酒工艺，酿造工序的各项技艺为历代酿酒师总结、积累和沉淀得来。

牛栏山二锅头以大曲或麸曲为糖化发酵剂，主要工艺特征为：低温制曲、清蒸续米查、混蒸混烧、低温入缸、地缸发酵和陶坛贮存。

为了确保传统二锅头酿造用粮的需求，牛栏山镇专门建立了优质原料供应基地，为了保证产品的质量，在进入发酵工艺之前，还要通过粉碎清蒸的工艺过程，通过确定合理的发酵温度和发酵时间把多余的蛋白质消耗掉，达到牛栏山酿制优质酒所要求的标准。

酿造牛栏山二锅头酒用的是潮、白二河的水，水质非常好。经国家权威部门测定，水质符合矿泉水的标准。其勾调用水需经反渗透处理，在勾调之前首先对原酒逐坛品尝，确定合适的基酒，在勾调中充分利用各基酒的不同风格特点相互组合，确保了牛栏山酒的风味特点和优良品质。

牛栏山酒厂的盛原酒容器采用的是业内公认的陶坛和不锈钢桶，有效地保证了原酒的长期存放。

牛栏山地区得天独厚的水源优势和气候条件，加之丰富的酿酒经验和传统的、独特的酿酒技艺，使牛栏山二锅头酒独具特色、自成一体，具有重要的历史文化保护价值。

洋河酒：味道香醇真佳酒

洋河酒历史悠久，起源于隋唐时期，曾入选中国八大名酒行列。清乾隆皇帝品尝洋河酒后挥毫留下了"酒味香醇，真佳酒也"的赞语，并将洋河酒列为清皇室贡品。洋河酒酒香醇和，味净尤为突出，既有浓香型的风味，又有独自的风格，以其"入口甜、落口绵、酒性软、尾爽净、回味香、辛辣"的特点，闻名中外。

渊　源

早在2300年前，洋河就是泗水国的酿酒重镇。所酿的洋河酒，除朝贡帝都长安外，还畅销于吴楚等各诸侯国，泗水国也因此被时人誉为"天然粮仓，大汉酒国"。

到了唐代，洋河大曲已享盛名，明末清初已闻名遐迩。当时曾有9个省的客商在此设立会馆，省内外70多位商人客籍于此，竞酿美酒，使洋河镇的酿酒业更加兴隆繁盛。"广泉聚""广全泰""广庆德""广丰源""祥泰""全泰""康泰"等酿酒槽坊林立，四季酒香缭绕不绝。据

洋河大曲的老广告

早期飞天牌洋河大曲的商标

《泗阳县志》记载，明朝著名诗人邹辑在《咏白洋河》中写道："白洋河下春水碧，白洋河中多沽客，春风二月柳条新，却念行人千里隔，行客年年任往来，居人自在洋河曲。"明天府《府志》记述："正德以前，淮酒有名。"这里的淮酒，据考证其中主要有洋河大曲。

清雍正年间，洋河大曲已行销江淮一带，颇受欢迎，有"福泉酒海清香美，味占江淮第一家"之誉，并被列为清皇室贡品。据《江苏地名溯源》介绍，清康熙皇帝在第五次南巡时，曾两次在洋河酒坊驻跸。清乾隆皇帝第二次下江南在宿迁建有行宫，留住7日，品尝了洋河酒后，挥毫留下了"酒味香醇，真佳酒也"的赞语。清同治十二年（1873年）编纂的《徐州府志》有"洋河大曲酒味美"的记载。

20世纪初，洋河大曲的生产有了进一步的发展。1915年三义酒坊所酿之酒在美国旧金山巴拿马赛会上获银牌奖，1929年裕昌源酒坊的大曲酒在工商部中华国货展览会上获二等奖。

洋河大曲在中华人民共和国成立前因战争连年而生产凋敝，奄奄一息。1949年中华人民共和国成立后，党和政府拨出专款在几家私人酿酒作坊的基础上建立了国营洋河酒厂，1953年4月更名为"地方国营洋河酒厂"，1986年改称为"江苏洋河酒厂"，2006年12月改制为江苏洋河酒厂股份有限公司。

2009年，洋河酒传统酿造技艺入选江苏省省级非物质文化遗产名录。

流　程

　　洋河大曲酒属浓香型大曲酒，以优质高粱为原料，以小麦、大麦、豌豆制作的高温火曲为发酵剂，辅以闻名遐迩的"美人泉"水精工酿制而成。沿用传统工艺"老五甑续渣法"，同时采用"人工培养老窖，低温缓慢发酵""中途回沙，慢火蒸馏""分等贮存，精心勾兑"等新工艺和新技术，形成了"甜、绵、软、净、香"的独特风格。

　　制曲工艺以小麦、大麦、豌豆为原料，按一定比例，人工踩制，曲房内自然接种，发酵顶火温度约为60℃至63℃，并经过约60天的发酵和4到6个月的长期储存，方可使用。

　　酿酒工艺以高粱为主要原料，稻壳为辅料，中高温曲为糖化、发酵剂和生香剂，老窖固态发酵、低温入池、缓慢发酵、续渣配料、清蒸混吊、分层蒸馏、量质接酒、分等贮存、陶坛长期陈化老熟、精心勾调等传统工艺和现代科技完美结合、精制而成。

　　整个生产过程有48道工序，每道工序环环相扣。其中主要工艺有：

1. 老五甑续渣法

　　"老五甑"是续配料典型操作方法之一。传统的"老五甑"是：将粮食按比例分配成两个大渣，一个小渣，计三甑"粮渣"，加一甑"回缸"，一甑"扔糟"共五甑。其酿酒操作方法是：将上次发酵好的大渣全部挖出，各加35%左右的新粮，分别取两个三分之一强的酒醅，配入原料总的两个"大渣"，其余三分之一弱的酒醅，加入约25%的新粮，得一个"小渣"。将上次发酵好的"小渣"挖出蒸酒后，为一甑回缸。上次发酵完的"回缸"挖出蒸酒后作为"扔糟"。这种五甑操作法称为"老五甑"。这种工艺，能使残余淀粉得到充分的利用，而且每次配醅长期反复发酵，积累了大量的呈香味物质的前体，使酒体丰满并具有独特的风格。所以酿酒界有一句谚语——千年老窖万年糟。

2. 馏酒

馏酒是将配好原料的酒醅装上甑桶，馏酒。蒸馏主要工具为甑桶，用木材制成。甑桶下接地锅，锅为铁制，口有一馏箅子，可以盛酒醅。铁锅盛水，锅下为灶，一般烧木柴。水烧开后，把水一层厚泡沫捞掉，再加入一些豆油好"杀"去沫子。冲入甑桶冲开酒醅，造成翻甑。不使沸水，水烧开后冒气，就可以上甑。

3. 带花接酒

所谓花是指酒液倒在器具内溅起来的泡沫。看花具体做法是酒师用镟子接酒，再用看花杯舀一杯酒液，再倒在镟子里，看溅起的泡沫，确定酒度。

酒花大致分以下几类：

满花，花约玉米粒大，这时酒度在70度以上。

三分花，花有高粱粒大，这时酒度在60度以上。

平花，花小，消失较快，这时酒度在48度左右。

边花，中心花消失快，四周花消失较慢，酒度低。

以前看花接酒，一般接到平花酒为止。

双沟酒：门外东风寒不知

双沟大曲酒酿造技艺源远流长，它具有"色清透明、窖香浓郁幽雅、口味醇甜绵软、酒体丰满协调、回味爽净悠长"等特点，多次被评为中国名酒，为浓香型蒸馏酒典型代表之一，被白酒专家认定为"黄淮流派"的典范。双沟大曲酒生产过程以手工技艺为主，酿酒经验靠师徒传承，口传心授，代代相传，是研究民间蒸馏酒发展史的重要史料。

渊　源

双沟镇隶属于江苏省宿迁市泗洪县，为双沟大曲原产地。双沟镇南北走向，北高南低，南邻淮河水，东接洪泽湖，镶嵌在两座山头所夹的一个脊岭上，岭的两侧，有两条天然的水冲大沟直通淮河，因此称为"双沟"。

宋代，双沟地区酒业就兴盛。《宋史》有记载，宋熙宁年间（1068—1085年），泗州酒课达"十万贯以上"。酒课成为当时地方政府税收的主要支柱。又据宋代《酒名记》载，有"泗州酥酒"之名，当时所产酥酒名声远播。苏东坡有诗曰："使君半夜分酥酒，惊起妻孥一笑哗。"南宋词人程垓在《祝英台》词曲中有："小小红泥院宇，深深翠色屏帏。簇定熏炉酥酒软，门外东风寒不知。"

双沟酒业的前身是全德槽坊，创立于康熙五十八年（1719年），距今已有300多年的历史。

民国《泗县志略》记载："酒业城乡大曲坊十二家，小酒坊七十余家，每年可酿酒约百万斤，售价约十五万元。双沟大曲，据善饮者言，应推为全国之冠。"又据现代《泗洪县志》记载："清雍正十年（1732年），有山西太谷县孟高村人贺氏，看双沟有好水和盛产高粱，就开办了全德槽坊，酿造双沟大曲。"全德槽坊创办之后，酿酒工艺日趋成熟，贺氏老五甑之法一直延续至今。

1910年，双沟大曲在清代末年首次举办的南洋劝业会上，被评为国际名酒第一。泗州籍末代传胪、清翰林院编修张启后先生得悉家乡所产名酒双沟大曲名冠中华，挥毫为之写下"天下第一流"5个大字。

2005年，双沟牌商标被全国

双沟大曲老商标

流　程

今天的双沟酒由宋代"泗州酥酒"和清代"双沟大曲"所保留的一系列传统工艺而综合，其典型风格为浓香型代表，具有"窖香浓郁、绵甜甘洌、香味协调、尾净余长"之特色。

双沟酒业采取的"多粮型"酿造技术，传统酿造工序200余道。优质小麦、大麦、豌豆为制曲原料，人工踩曲，形状如砖，重于曲坯排列，工艺严谨。操作遵循"稳、准、细、净、均、透、适、勤、低、严"十字要诀，酿造工艺主要包括：

低温入窖和低温馏酒，高温制曲和高温堆积，多粮酿造、多轮底发酵、多味勾调，再加上老窖窖龄长、发酵周期长、贮存时间长，使双沟大曲酒具有独特风格和鲜明个性。原酒经分级贮存老熟，精心勾兑，包装，检验合格后出厂。

泸州老窖：浓香鼻祖老窖池

泸州老窖，素有"浓香鼻祖，酒中泰斗"的美称，是中国最古老的四大名酒之一，其400余年历史的老窖池被国务院列为国家级重点文物保护单位，传统酿制技艺2006年又入选首批国家级非物质文化遗产名录，世称"双国宝单位"。泸州老窖酒沿用几千年来的传统工艺、操作、设备，充分显示了中国酿酒技艺的源远流长，是中华民族珍贵的遗产。

渊　源

泸州古称江阳，酿酒历史久远，自古便有"江阳古道多佳酿"的美称。

泸州地区出土陶制饮酒角杯，系秦汉时期器物，可见秦汉已有酿酒。蜀汉建兴三年（225年）诸葛亮出兵江阳忠山时，使人采百草制曲，以城南营沟头龙泉水酿酒，其制曲酿酒之技流传至今。

宋代，泸州以盛产糯米、高粱、玉米著称于世，酿酒原料十分丰富。据《宋史·食货志》记载，宋代也出现了大酒、小酒之分。所谓大酒，就是一种蒸馏酒，从《酒史》的记载可以知道，大酒是烧酒，是经过腊月下料，采取蒸馏工艺，从糊化后的高粱酒糟中烤制出来的酒，再经过半年储存，再出售。这种施曲蒸酿、储存醇化的大酒在原料的选用、工艺的操作、发酵方式以及酒的品质方面都已经与泸州浓香型曲酒非常接近，可以说是今日泸州老窖大曲酒的前身。

元、明时期，泸州大曲酒已正式成型，据清《阅微堂杂记》记载，元代泰定元年（1324年）制曲之父郭怀玉发明甘醇曲，酿制出第一代泸州大曲酒，开创了浓香型白酒的酿造史。及至明仁宗洪熙元年，酿酒大师施敬章经过多年努力，研制出"窖藏酿制"法，使泸州大曲酒生产工艺更趋完善。《泸县志》载："酒，以高粱酿制者，曰白烧。以高粱、小麦合酿者，曰大曲。"

明朝末年，泸州一个叫舒承宗的武举，任职驻节洛阳，喜欢饮酒，对当地所产洛阳大曲十分欣赏，多方探求酿制大曲酒的技术。清顺治十三年（1656年），舒承宗解甲返泸时，把当地的酒母、曲药、泥样，同酿造技师一起带回四川，创办了第一个曲酒坊，取名"舒聚源"。清乾隆二十二年（1757年），又开建4个窖。舒聚源作坊的窖池，距今有400多年的历史，即现在尚在使用的泸州老窖的老窖池。

清代雍正年间，有温氏从广东迁往四川，开设酿酒作坊。到了清咸丰末年（约1860年），舒姓因人力所限，乃将所创办的"舒聚源"酒坊让给杜天生经营。后来杜天生又转让于温姓，招牌名"温永盛"。"温永盛"酒坊是泸州老窖的前身，亦即老窖在清代的名号。

温家后人历经多年发展，又陆续并购了禄厚祥、富生荣、顺昌祥等多处酒坊，统称为"豫记永盛烧坊"，酿制"三百年老窖大曲"。一时间，温家

泸州老窖老商标

的酿酒业空前繁荣，在当地已排名头号酒坊。至民国时期，温室传人温筱泉再次以个人名字定名为"筱记永盛烧坊"，后来永盛烧坊逐渐改名为"泸州老窖"。

到了光绪五年（1879年），泸州大曲已经远销省外，成为我国名酒之一。

1949年，泸州有酒坊36家。1951年至1952年间，组成春和荣、温永盛、定记、曲联4个联营酒社，联合12家作坊继续生产。

20世纪90年代初，泸州老窖已经是具有万吨曲酒生产能力的全国大型酿酒骨干企业。

1994年，泸州老窖酒厂改制成泸州老窖股份有限公司。

2006年，泸州老窖荣膺"中华老字号"企业称号，泸州老窖传统酿制技艺入选首批国家级非物质文化遗产名录。

流　程

泸州老窖酒传统酿造技艺包括大曲制造、原酒酿造、原酒陈酿、勾兑尝评等多方面的技艺。

1. 制曲

1324年，"制曲之父"郭怀玉在泸州发明了"甘醇曲"，郭怀玉也被誉为泸州老窖"久香"牌天下第一曲的创始人。20世纪90年代后，泸州老窖建起了全国规模最大的制曲生态园，推动了浓香型大曲酒酿酒技术的进步。

2. 酿造

据清《阅微堂杂记》记载："甘醇曲，用以酿出之酒浓香、甘洌，优于回味、辅以技艺改进，大曲酒成焉。"这是泸州老窖大曲酒的起源时期。在明洪熙年间，泸州施敬章其人经多年努力研制出了"泥窖"酿酒法，使大曲酒浓香，从而开创了"固态发酵，泥窖生香，甑桶蒸馏"的独特工艺，这是泸型酒的雏形时期。

舒聚源创始人舒承宗，总结了从"配糟入窖、固态发酵、酯化老熟、泥窖生香"的一整套大曲老窖酿酒的工艺技术，为以后全国浓香型白酒酿造工艺的形成和发展奠定了坚实的基础。

具体酿造时，高粱进行粉碎成粉，稻壳清蒸，在酿酒的时候，要根据不同的气温条件，从而调整投料量、用曲量、水量以及填充料量，而且还要严格控制入窖淀粉的浓度。

在蒸粮前的50至60分钟，需要用扒梳挖出大约一甑的母糟，然后倒入粮粉并拌和两次。

蒸面糟时，可在底锅中倒入黄水，蒸出的酒，称为"丢糟黄水酒"。粮糟蒸后挖出，堆在甑边，立即打入85℃以上的热水，称为打量水。

3. 勾兑

不同层次的粮糟所蒸馏出来的酒，其醇、香、甜以及回味等都各有突出的特点，所以彼此间存在一定的质量差异，因而需要进行酒水的勾兑，才能让出厂的酒质量一致。

20世纪50年代初，在酿酒生产过程中，将同一发酵窖中不同母糟的酒进行组合，即将糟酒进行勾兑。这就是早期最原始的勾兑方法，也可认为这是勾兑技术的雏形。20世纪60年代初期，在泸州曲酒的勾兑工作中，由糟酒勾兑进一步发展成酒相互掺兑，俗称"扯兑"。进入60年代中期，开始进行加浆降度，包装出厂。

泸州老窖商标

4. 贮存

对于刚蒸馏出来的酒水，其实只能算是半成品，因为都是具有一定辛辣以及很冲的味道的，如果这个时候饮用的话，会感到燥和不醇和，所以这个时候就需要把酒水进行一定时间的贮存，唯有这样才能酿造出可口的成品。贮存的过程被称为白酒的"陈酿"或者"老熟"。泸州老窖出品的白酒都是经过多年的酱藏存储的。

剑南春：泥窖发酵古法佳

剑南春产于四川省绵竹市，因绵竹在唐代属剑南道，故称"剑南春"。四川的绵竹市素有"酒乡"之称，早在唐代就生产闻名遐迩的名酒——剑南烧春。剑南春酒传统酿造技艺传承古法"泥窖固态发酵"，依托于其独有的老窖窖池，生产剑南春调味酒，被称为酿酒史上的"活文物"。

至今，剑南春"天益老号"独有的老窖池，依然传承古老的"泥窖固态纯粮发酵"传统酿造技艺生产剑南春调味酒，被称为酿酒史上的"活文物"。

渊　源

四川绵竹，素有酒乡之称，这里是川酒发源地之一。绵竹酿酒历史已有三四千年，广汉三星堆蜀文化遗址出土的酒具和绵竹金土村出土的战国时期的铜垒、提梁壶等精美酒器以及东汉时期的酿画像砖，都可以证明，绵竹产酒不晚于战国时期。

到了唐朝，百业兴旺，绵竹成熟酿酒技艺下诞生的剑南烧春更作为宫廷御酒而被载于《后唐书·德宗本纪》。唐宪宗后期，李唐王朝的中书舍人李肇，在撰写《唐国史补》的时候，把"剑南春之烧春"列入当时天下名酒之列。

唐大历十四年（779年），皇帝李适曾经郑重其事地面谕朝臣，要他们

战国时期的蟠螭纹提梁壶

把剑南烧春是否上贡的问题，当作一桩国家大事来讨论。

时至宋代，绵竹酿酒技艺在传承前代的基础上又有了新的发展，酿制出"鹅黄""蜜酒"，其中"蜜酒"被作为独特的酿酒法收于李保的《续北山酒经》。据记载，宋元丰三年（1080年），苏轼因乌台诗案被贬黄州（今湖北黄冈），元丰五年（1082年），绵竹武都山道士杨世昌到黄州看望苏轼，与苏轼同游赤壁，饮酒赋诗。杨世昌将蜜酒的酿造法送与苏轼，苏轼十分高兴，作了《蜜酒歌》回赠，并在诗前小序中写道："西蜀道人杨世昌善作蜜酒，绝醇酽。余既得方，作此歌以遗之。"关于鹅黄酒，南宋大诗人陆游曾写道："叹息风流今未泯，两川名酝避鹅黄……"

元代，《酒小史》也有剑南烧春的记载。

明代，徐炬的《酒谱》在历代酿酒名家中记载："道士杨世昌造蜜酒。"

明末清初，由于战乱不断，剑南春酒业凋零，直到清康熙年间才逐渐恢复，出现了朱、杨、白、赵等较大规模的酿酒作坊。剑南春酒传统酿造技艺得到进一步发展。《绵竹县志》记载："大曲酒，邑特产，味醇厚，色洁白，状若清露。"清末，绵竹酿酒作坊已有上百家。

20世纪初，绵竹大曲多次在四川国货展览会上获得奖章、奖状。

1951年5月，国营绵竹县酒厂宣

20世纪剑南春曾经发行的企业债券

告成立，是今天四川省绵竹剑南春酒厂的前身。

1958年，剑南春酒厂从改变酿酒原料入手，进行科技攻关，酿造出今天的名酒"剑南春"。

1963年，剑南春酒被评为四川省名酒，获金质奖。

2008年，剑南春酒传统酿造技艺入选国家级非物质文化遗产名录。

流　程

剑南春酒传统酿造技艺是国家级非物质文化遗产，它采用优质糯米、大米、小麦、高粱、玉米5种粮食为原料，用小麦制成中高温曲，窖泥固态低温发酵，采用续糟配料，混蒸混烧，量质摘酒，原度贮存，精心勾兑而成。

剑南春共有200多道酿造工序，从选粮、制曲、窖、酿、藏等许多关键之处皆为古法技艺，代代相传，从原料配比、粉碎、配料拌和、搭甑到判断酒度、看花摘酒、摊晾、打量水、加曲等，这些特殊技艺全部靠的是师徒间长期的口授心传。

具体来说，工艺流程为：

1. 水

剑南春酿酒用水全部取自绵竹城西的中国名泉——玉妃泉，可与崂山矿泉水媲美。

2. 制曲

剑南春酒酿造所用大曲药是以小麦、大麦按照一定比例制作而成。原料的配比要根据季节的变化做相应调整。

3. 出窖

剑南春酒采用"黄泥老窖、纯粮固态、续糟混蒸发酵"的独特传统酿造技艺，以糯米、大米、小麦、高粱、玉米5种粮食作为原料，经长期在老窖中固态发酵酿制而成。包括开窖鉴定"眼观、鼻闻"，续糟配料，配料拌和应"低翻快搅"，上甑要"轻撒匀铺、探气上甑、分层搭满""一长二高三适当"的工艺原则及木窖循环等精酿工艺。

4. 摘酒

蒸馏摘酒是剑南春传统酿造工艺中最重要的一道工序，操作要领为：分段量质摘酒，掐头去尾留中间。

5. 窖藏

窖藏是白酒传统工艺中一道重要的工序。剑南春陈酿的酒是放在陶罐中，盖好盖子置于阴凉的房内，经过长时间缓慢的理化反应，其味更醇，其香更浓郁优雅。

6. 复式窖泥培养新工艺

剑南春酒厂经过长期对比实验，扬弃了旧的窖泥配制法，而独创了名酒复合窖泥培养新工艺。这项新技术能防止窖泥老化，富集培养大量有益的生香微生物，在同行业中居于领先地位。

沱牌曲酒：上品如今出射洪

沱牌曲酒源于唐代"射洪春酒"、明代"谢酒"，在明清时期走向成熟。2006年，"沱牌"被商务部授予首批"中华老字号"称号。2008年，沱牌曲酒传统酿造技艺被国务院列入国家级非物质文化遗产名录。沱牌曲酒是中国传统蒸馏白酒的典型代表之一，对研究我国的酿酒历史具有极高的学术价值。

渊　源

沱牌曲酒产地四川省射洪县，素有"名酒之乡"之称。古射洪县境先民，以黍自然发酵制成"滥觞"，其后又制成"酯酒"。西汉时采用制曲发酵法，用黍煮酿成醴坛。至西晋、南北朝，始用药曲拌粱米蒸煮酿成醪糟酒。

沱牌酒的老商标

隋唐时期，以"稻、粱、黍为料，药曲发酵，小缸封酿"，冬酿春成，遂以"春"名美酒，称"春酒"。唐时"射洪春酒"以"寒绿"著称。唐代，"诗圣"杜甫到射洪凭吊先贤、开唐朝诗风的"一代文宗"陈子昂时，曾赞誉"射洪春酒寒仍绿，极目伤神谁为携"。

北宋年间，"射洪春酒"以纯净、透明、甘醇、甜诸味调匀而知名。学者王灼曾赞誉"射洪春酒旧知名，更得新诗意已倾"。

元初，一些酒坊将春酒工艺与蒸馏酒技术融合，用初酿之"浓酒和糟入甑，蒸令气上，用器承露滴"，酿成具有"春酒"风味的白酒。

明代，射洪县人谢东山将"易酒法"应用于"春酒"酿造，形成固态发酵、固态蒸馏的独特"谢酒"工艺。四川抚军饶景晖曾赞誉："射洪春酒今仍在，一语当年重品题。"

清光绪年间，李吉安在射洪城南柳树沱开酒肆名"金泰祥"，酿出之酒味浓厚，甘爽醇美。前清举人马天衢根据店前牌坊"沱泉酿美酒，牌名誉千秋"之寓意而命名为"沱牌曲酒"。

1988年9月，沱牌系列酒获第六届中国香港国际食品展金瓶奖。

1989年全国第五届白酒评比中，沱牌54度、38度曲酒双双获国家金奖，跨入国家名酒行列。

1993年4月，沱牌曲酒、沱牌大曲、沱牌酒荣获布鲁塞尔国际金奖。

2011年6月27日，四川沱牌曲酒股份有限公司将全称变更为"四川沱牌舍得酒业股份有限公司"。

流　程

沱牌酒吸沱泉之水，以优质高粱、大米、糯米为原料，采用大曲低温并回沙、双轮低、酯化液、窖泥强化等多种新技术精心酿制，勾兑而成。

制曲以小麦、大麦等为原料，磨成粗细均匀瓣型，拌和装盒，制成砖型曲坯，入密封温室培菌5至7天，堆烧出曲，入库贮存备用；酿造以高粱、大米、糯米、小麦、大麦、玉米为原料，磨成均匀瓣型，用沱泉水拌和润料，按摸索出的微生物在发酵过程中繁殖的最佳入窖品温和发酵过程中的规律，通过"稳、准、匀、适、勤"工艺规则混蒸后入窖固态低温发酵，在规定时间后出窖缓火蒸馏，分段摘酒，看"花"品尝定级，入缸贮藏一年以上勾兑调味，灌装出厂。

酿造各工序均靠酿酒技师的看、闻、摸、捏、尝等感观标准来判断和掌握，其技艺也主要靠师徒传承并凭悟性和长期的实践经验来掌握和传承。

〰〰 郎酒：幽雅细腻酱香浓

贵州茅台酒、四川郎酒，人们称它们是"赤水河畔的姐妹花"，它们都是酱香型白酒的典型代表。古蔺郎酒，以"酱香突出、幽雅细腻、空杯留香持久"的口感深受消费者喜爱。古蔺郎酒传统酿制技艺2008年入选中国第二批国家级非物质文化遗产保护名录。

渊　源

古蔺郎酒的正宗产地是古蔺县二郎滩镇，此镇地处赤水河中游，四周崇山峻岭。就在这高山深谷之中有一清泉流出，泉水清澈，味甜，人们称它为"郎泉"。因取郎泉之水酿酒，故名"郎酒"。

古蔺郎酒已有100多年的酿造历史。据有关资料记载，清朝末年，当地百姓发现郎泉水适宜酿酒，开始以小曲酿制出小曲酒和香花酒，供当地居民饮用。

清宣统元年（1907年），荣昌人邓惠川到古蔺二郎滩经商，贩来泸州高粱酒，被争购一空，挣钱颇多。他发现郎泉之水宜于酿酒，原料也就地可取，便于1911年举家迁居二郎滩。翌年，在二郎滩兴建酿酒作坊，取名"絮志酒厂"，又称"老槽房"，采用大曲酒生产工艺，试制回沙郎酒。1925年，经贵州茅台荣和酒房酒师张子兴指导，开始用茅台工艺酿造回沙大曲。1929年，惠川槽坊改名仁寿酒坊，出产回沙郎酒，简称"郎酒"。

1931年，当地人雷绍清、胡择美等又集资合股经营酒业，兴建"集义酒厂"，酿制"回沙窖酒"。他们高薪聘请"诚义酒坊"大师傅郑银安为师，按茅台酒酿造工艺进行生产。所产之酒，质量超过老槽坊的"回沙郎酒"，乃正式定名为"郎酒"。

1963年，郎酒获首届四川省名酒评比金奖。

1985年，郎酒获中华人民共和国商业部金爵奖。

2008年，古蔺郎酒传统酿制工艺被列入国家级非物质文化遗产保护名录。

流　程

古蔺郎酒采取传统酿造工艺，分2次投料，反复发酵蒸馏，7次取酒，一次生产周期为9个月。

主要流程包括：

1. 原料

郎酒酿造原粮的选用非常讲究，一定要用本地产的高粱。这种高粱粒小、皮薄、淀粉含量高，经得起多次蒸煮。酿酒的水取自赤水河，不过赤水河6到8月是雨季，河水浑浊赤红，不利于酿酒。从9月开始，赤水河再一次变得清澈透亮，才是郎酒最佳的酿酒用水。

2. 下沙、插沙

重阳投粮，又叫重阳"下沙"。因为本地产的米红粱细小而呈红色，所以称为"沙"。将经过挑选的高粱，与沸水充分拌匀后上甑蒸熟，并按照一定比例投入曲母。只有当水分、曲母达到了酿酒规定的时候，才算真正完成了投粮。第一次加曲搅拌后还要进行堆积发酵，第一次发酵完成后，把酒曲铲入石块砌成的窖坑进行封存，进入近一个月的"窖期"。

二次投粮，也称"插沙"。封存发酵一个月后开始"二次投粮"，按照1∶1的比例，加入新的高粱，继续上甑蒸煮。摊晾后加入曲药，收堆发酵，然后重新下窖。

3. 取酒

第一次酒略有生粮味、涩味，微酸，后味微苦；二次酒味甜、略有酸涩味，对基酒的贡献较小；第三、四、五次酒均具有酱香味突出、醇和的特点；第六次酒已开始略有焦煳味。

20世纪80年代的郎泉牌郎酒

在多达七次的取酒中，第三至第五次出的酒是最好的，称为"大回酒"，对酱香型基酒的作用最大。第六次得到的酒也较好，称为"小回酒"。

第七次酒酱香味明显，后味长，有焦煳味，被称为"追糟酒"。根据郎酒著名的"回沙工艺"，该酒体也是属于勾兑酱香酒体所必不可少的。

4. 勾兑

郎酒的勾兑遵循的是以酒勾酒，即不加水勾兑，通常是将不同轮次的基酒、不同典型体的酒和不同年份的基酒进行勾兑。

5. 洞藏

新酿郎酒将在天宝洞、地宝洞储存3年时间。通过采用天宝洞、地宝洞贮存，除去燥辣感，使酒体柔和、醇厚，细腻幽雅。经过天宝洞、地宝洞3年的储藏之后，还需添加少量调味酒进行勾调。对组合勾兑好的基础酒进行精加工——调味。

勾调完成后的酒，还需继续存放半年到一年才能进行灌装出厂。

全兴大曲：窖香浓郁口感佳

全兴大曲产于四川省成都市成都酒厂，它具有窖香浓郁、醇和协调、绵甜甘洌、落口爽净等特点。全兴大曲属于轻浓香型酒，既有浓香型的风味，又有自己的独特风格。全兴酒获奖励赞誉无数，是老八大"中国名酒"之一、川酒"六朵金花"之一，享有极高的荣誉和行业地位。

渊 源

成都市位于四川盆地西北部，这里平畴千里，土地肥沃，气候温和，农业兴盛，自古以来就有"佳酿之乡"的美称。

"天府之国多佳酿、蜀都自古飘酒香。"古蜀"三星堆""金沙"文化遗址出土很多酒器、酒具，显示了西蜀酒业的久远和兴旺。

汉代酒业较兴盛，如成都城郊出土的汉代画像砖上，有《酿酒图》《宴饮图》《酤酒图》《酒肆图》等，充分说明民间酿酒、饮酒的风习。三国时，章武年间刘备在成都"禁酒，酿者有刑"，可见当时酿酒成风。

唐代，成都酿造的名酒就更多了。诗人张籍在《成都曲》中吟道："万里桥边多酒家，游人爱向谁宿。"当时的万里桥就是现在的成都南门大桥。据史料记载，当时这一带街上酒旗招展，酒家林立，客人饮酒后可以在酒店留宿。

北宋中期，当朝政府已在成都设立28处酒务，统制酿酒，实行专卖。每年征收酒税高达40余万贯，位居全国之首。南宋时代的1129年，以成都为主的四川酒税已高达690余万贯。

明末清初，成都的酿酒业发展已经相当成熟，一位王姓酒商于乾隆五十一年（1786年）在成都东门外大佛寺所在的水井街开设一家大规模酒坊，取名"福升全"。以薛涛井水酿酒，并将酒名定为"薛涛酒"。此酒一问世即大受欢迎，文人冯家吉在其《薛涛酒》一诗中赞道："枇杷深处旧藏春，井水留香不染尘。到底美人颜色好，造成佳酿最熏人。"

1824年，福升全扩大经营，更名为"全兴成"，创出的新酿统称"全兴酒"，销售量远远超过了从前的薛涛酒。

过去的全兴老酒商标

全兴老号曾经兴盛一时，清末逐渐衰落。到中华人民共和国成立前夕，全兴大曲无论是产量，还是质量都是江河日下，濒于停产。中华人民共和国成立初期的1950年，国家购买了私人酒坊，全兴老号也在购买之列，由此组建了成都酒厂。1952年成都酒厂恢复生产全兴大曲酒。1959年被评为四川省名酒。

1984年，在第四届全国评酒会上，全兴大曲再次被评为国家名酒，荣获国家金质奖章。

1989年，成都酒厂更名为四川成都全兴酒厂。

1997年9月，重组成立了四川成都全兴集团有限公司。

流　程

全兴大曲酒以高粱为原料，用小麦制的高温大曲为糖化发酵剂。酿造时对原料要经过严格筛选，要求颗粒饱满、均匀、皮薄、无壳、无虫蛀，淀粉含量在68%以上。

全兴大曲酒在酿造工艺上也有自己的一套传统操作方法。采用陈年老窖发酵，发酵长达60天。发酵完了必须达到窖熟糟醇、酯化充分的要求。蒸酒时，要掐头去尾，也就是把质量不好的尾酒，稀释后再回窖发酵。用作填充料的谷壳，要经过清蒸处理，不仅要除去谷糠的腥杂味，而且要蒸到有谷香味，才能配料蒸酒。中流酒还要经过品尝鉴定，验质分级。鉴定合格后，再分窖分坛入库，贮存一年以上，然后勾兑、装瓶、包装出厂。

丰谷酒：老窖发酵陶瓮藏

绵阳丰谷酒是四川省绵阳市的著名特产，该品在清康熙年间就因其用料考究、工艺精湛、酒味醇美而享誉古绵州城内外。中华人民共和国成立后，丰谷酒业继承了传统工艺生产技术的特点，生产工艺均达到同行业先进水平，它以"窖香幽雅、醇厚绵甜、尾味爽净"之独特风格，深受消费者喜爱。

渊 源

丰谷酒的前身，可追溯到212年的富乐烧坊。据《三国志》和《方舆胜览》记载：东汉建安十六年（212年），刘备入蜀，益州牧刘璋迎至绵州，进行宴饮。刘备畅饮富乐烧坊美酒后称赞"富哉，今日之乐乎！"并常以此酒嘉奖获胜将士。

到了康熙十七年（1678年），王秉政在传承千年的富乐烧坊酿酒秘技的基础上，创建了"丰谷天佑烧坊"，并将掘窖之技、制曲之术、酿酒之法、配料之方和品调之艺，逐一传授其子王法天，留下"天佑坛开十里香，丰谷酒香千家颂"的千古美誉。

康熙年间，曾以李白的"花间一壶酒"诗意画为商标，用陶瓮盛装应市，在绵州乃至整个川西北地区占据了一席之地。

民国期间，天佑烧坊产销两旺，以生产"丰谷老窖大曲"畅销省内外。

他们与邻舍作坊"变陆丰"烧坊、"源鑫"烧坊合并，扩大自身产能，逐渐以瓶装酒热销全国。

中华人民共和国成立后，更名为"绵阳市国营酒厂"。

1979年10月，以发源地丰谷镇为名注册为"丰谷牌"商标。

2001年，改制更名为四川省绵阳市丰谷酒业有限责任公司。

2004年1月7日，丰谷酒王、丰谷特曲被四川省人民政府双双授予"四川名牌产品"称号。

流　程

东汉时期，富乐烧坊酿酒的秘技为：主料是南麦、小麦、大麦、稻谷、玉米、高粱，过程包括窖藏发酵，择时精酿，瓮盛应市，以质论价。在绵延千年的历史演变中，丰谷酒遵循着"古法酿造，始终如一"的古训，延用老窖泥接种繁衍，老窖发酵，陶瓮贮藏的方法，专注于生态白酒的酿造。

如今的丰谷酒是出自300年老窖，结合传统工艺与现代微生物高新技术精心酿制而成的浓香型酒。

丰谷酿酒，依托独特的地域生态环境，精选高粱、大米、糯米、小麦、玉米5种粮食为原料，以"包包曲"为糖化发酵剂。丰谷窖池持续酿造300余年，坚持"早春入窖，中秋取酒"的古训，精选的生态有机粮食在千年古窖池中充分发酵。

丰谷酒采用传统混蒸法，以小甑为主，出酒率约为36%到38%，蒸馏是用拗子锅，只加泉不调味，勾兑、贮存、老熟时间都在半年以上。将酒配出窖与生粮配料、混蒸，接酒完毕，出甑摊晾，曲的用量在40%。沙子要进行三搓三擦，把大小疙瘩都要搓烂。装窖后，最长不超过40天就要烤酒。

丰谷酒老商标

在蒸馏过程中，馏出酒液的酒度高低，主要凭丰谷酿酒师傅们的丰富经验去观察，即通常所说的看花摘酒。看花即看酒花，原酒激起的泡沫称为酒花。

在丰谷曲酒车间生产出的原酒，经过掐头去尾之后，只取原酒中间的一部分，从根本上保证丰谷酒的优质与纯正。取出的原酒，由酿酒师傅们进行感官分级，分为调味酒、优级、一级、二级、三级，再经过品评小组评定进行细分，最终评定5个等级入库，方可进行纯古法滚动瓮藏。

通过精挑细选的丰谷基酒在半地下室的陶瓮中长期储存。每批次储藏足够年份的原浆老酒，都需经国家级调酒大师精心调制、品评过关后方可装瓶销售。

兰陵美酒：酒香浓郁美名扬

兰陵美酒是山东省地方历史传统名酒之一，因产于兰陵县兰陵镇，故名。兰陵酒采用重酿工艺制成，色呈琥珀光泽，晶莹明澈，含有人体必需的多种氨基酸、维生素、微量元素等，是一种具有养血补肾、舒筋健脑、益寿强身功能的滋补酒。

渊 源

兰陵美酒始酿于商代，古卜辞中"鬯其酒"的记载，便是兰陵美酒的最早见证，迄今已有3000多年的历史。1995年秋，江苏徐州狮子山西汉楚王墓出土了具有2148年历史的兰陵酒。出土的陶制球形坛内，泥封上印有"兰陵贡酒""兰陵丞印""兰陵之印"戳记，保存完整无缺，印证了兰陵美酒的酿造历史。

两汉时期，兰陵美酒已成贡品。北魏时期，农学家贾思勰对兰陵美酒的生产工艺进行科学分析，加工整理，并载入世界第一部农业科学经典《齐民要术》中。

唐代开元盛世，歌舞升平，农业的进步促进了兰陵酒业的飞速发展，除贡奉皇宫外，还通过京杭大运河，远销江宁、钱塘等地。

1915年，在美国旧金山召开的巴拿马万国博览会上，兰陵美酒荣获金质奖章。

兰陵美酒的老商标

1948年11月，兰陵解放后，在兰陵古镇东醴源私人酒店基础上，联合8家私人大酒店和30余家私人作坊组建了山东兰陵美酒厂。

1957年10月，"兰陵"商标被国家工商总局评为"中国驰名商标"。

2009年10月，兰陵美酒传统酿造工艺被列入第二批山东省非物质文化遗产名录。

2010年，兰陵美酒在荣获上海世博会千年金奖的同时又被授予"中华老字号"称号。

2016年5月，兰陵美酒股份有限公司被评选为省级非物质文化遗产生产性保护示范基地。

流　程

兰陵美酒以"九九重酿，始得百香"原始工艺，再加上神秘"老五甑"双轮发酵工艺，融合现代科技成果独创而成。此工艺有歌谣为证："一酿酒之胚，二酿酒之骨，三酿酒之精，四酿酒之魂，五酿酒之陈色，六酿酒之郁香，七酿酒之妙味，八酿酒之灵气，九酿酒之神韵，复酿九重轮回，九九重酿，始得百香。"

兰陵美酒的酿造古今少有变化，需经整米、淘洗，煮米、凉饭糖化，

兰陵美酒的老商标

下缸加酒、封缸贮存、起酒等制作过程。

兰陵美酒酿造古法以麦曲为引，秋收后，把精选的黑黍米煮熟成糊状置于屋中自然晾干，然后放入缸中与郁金、蜂蜜、大枣等一起加井水密封贮存，经过一个冬春的自然发酵，到了麦收季节开封筛取，用来作为祭祀神农、庆祝丰收的贡品。

兰陵美酒的制作原料选择严格，黍子以当年新黍为最好，要求颗粒饱满，形状整齐，不霉不烂，无秕无稷，光泽有亮，淀粉含量在63%以上，美酒用曲必须是储存期较长的中温曲，曲香浓郁，糟化力在35%以上。生产50千克兰陵美酒，需要90千克优质白酒，30千克黏黍米、9千克曲、1.5千克大枣，酿造周期至少210天。

景芝：齐鲁之光芝麻香

景芝酒历史悠久，景芝古酿"隔壁三分醉，开瓶十里香"，久负盛名。在长期的酿造实践中，景芝酒业提炼出"粮必精、水必甘、工必细、曲必陈、器必洁、储必久、管必严"的酿酒真传，是酿酒界一笔宝贵的非物质文化遗产。

渊 源

景芝酿酒的历史久远，《山东古代史》分析了1957年在景芝出土的74件文物和两年后在大汶口出土的大批文物同属于大汶口文化晚期，已有4500

余年，其中酒器占一半左右，有代表性的是薄胎磨光黑陶高柄杯，景芝出土的这些珍贵文物现藏国家博物馆。从出土的大批酒器看，那时发酵酒的生产在景芝已颇具规模了。

景芝白干起源于宋元之时。

大学者顾炎武所著《天下郡国利病书》中称景芝镇为齐鲁三大古镇之一，此地以酿酒闻名，素有"齐鲁古酒镇"之说。

景芝酒的老商标

元朝在此设巡检司，就是因为此地酒业发达，商旅较多，所以要设武官巡检，以维持治安。

明代，在此设立通判。《中国古今地名大辞典》载："景芝镇在山东安丘县（今安丘市）东南50里，接诸城、高密县（今高密市）界，为往来通路，明万历间尝移莱州通判驻此。清移县丞驻之，今废。商业繁盛，产白酒颇著"。到了清朝，乾隆八年（1743年），山东巡抚喀尔吉善奏报查禁烧酒踩曲情形，就涉及景芝，这份奏章现存中国第一历史档案馆。

抗日战争之前为景芝酒的鼎盛时期，有72家烧锅，投资经营酒业的有200多家。抗日战争开始，景芝镇沦陷。1945年景芝镇解放，1948年景芝酒成为国营企业，1952年改称山东景芝酒厂。景芝高烧改称景芝白干。

2006年，以景芝神酿为代表的白酒"芝麻香"国字标准诞生。

2007年，景芝酒传统酿造工艺成功入选首批省级非物质文化遗产名录。

流　程

景芝芝麻香白酒独树一帜，在长期的传统实践中形成自己独特的酿酒工艺：原料要"粮必精，水必甘"，粉碎要"呈梅花瓣，无孢生"；配料要

"无团糟、无白眼";入池要根据季节更替和气温变化,合理调整水分、酸度、淀粉量;装甑要"轻、松、匀、薄、准、平";蒸馏要"缓气蒸馏,大气追尾";糊化要"熟而不粘,内无生心";等等。最后酒蒸气经过天锅的降温液化后经疏导管流出,就是原酒了。芝麻香的酒水没有放芝麻,芝麻香是用小麦、高粱做出芝麻味。

景芝酒的酿造工艺,不仅要混蒸混烧、窖池发酵、缓气蒸馏,对原料的要求更是苛刻,必须用山东地产的高秆高粱和优质小麦。勾兑所用的水必须是景芝井用水,如用别处的水酒则变味。

古贝春:多粮跑窖包包曲

古贝春酒清澈透明,复合香幽雅,绵甜丰满,回味悠长。香气属于复合香主要是因为多粮酿造、中高温大曲和独特生产工艺,确保了多种香味成分富集。严格工艺操作和长时间储存使酒质保持完美稳定的状态,保证饮后舒适爽快,避免口干、上头的不适感觉。古贝春回味悠长,有自己独特的韵味和魅力。

渊 源

山东古贝春有限公司地处鲁西北平原古武城,武城始建于战国年间,后曾隶属于贝州。当地水美谷丰,物华天宝,历来是著名的美酒之乡。

商代国宴"秬鬯酒"就产于武城之地,北周时期在武城设立"贝州",酿酒业兴盛,延续至隋唐。隋唐时期更名为"状元红",盛极于世。当时曾到处流传"买好酒,贝州走,大船开到城门口";"一杯状元红,醉得公鸡不打鸣"。唐太宗即位后,将"状元红"列为宫廷宴酒。

宋至清代,武城当地政治、经济中心渐渐东移,运河两岸失去了经济领先的地位,但一直保持了美酒之乡的盛誉。只是在清至民国的300余年中渐成颓势，但直至中华人民共和国成立前期，仍有一些世代相传的酒作坊在从临清到德州的卫运河沿岸操制酒业，所产的酒依然质优物美。中华人民共和国成立初期，当地较有影响的有四家酒作坊，分别是何家的"小米香"，胡家的"杂粮酒"，柴家的"红高粱"和马家的"五粮酒"。1952年，4家合并经营，才有了国营武城酒厂的雏形。

1999年，企业改制为山东古贝春有限公司。

2005年，38度古贝春酒荣获全国浓香型白酒质量鉴评第一名，52度古贝春酒荣获第二名。

2007年4月，由商务部公示的第六届中国名酒企业中，古贝春酒榜上有名。

流　程

古贝春酒的生产流程主要有：

1. 原料精选

古贝春酒选用的原料主要是自然生长、生长期长、病虫害少、无污染的东北粳高粱，当地生产的优质冬小麦，苏北、鲁南一带的大米和江米，以及当地生产的优质玉米。选择此5种粮食为原料以合理比例搭配，收"五粮"酿酒之精华，使酒体香味成分更丰富。

五种原料经过除尘除杂按比例均匀拌和后进行粉碎，为了保障正常的蒸煮和发酵过程，通过改换不同孔径筛网严格控制好物料的粗细度；辅料必须进行清洗清蒸，防止邪杂味的侵入，按照季节气候控制好使用量，保证蒸煮和发酵过程正常进行。

2. 包包曲

"曲乃酒之骨"，古贝春酒生产采用中高温包包曲，古贝春的"包包曲"是北方地区酿酒厂家中所特有的，古贝春每年的5至8月4个月为培养制曲的较佳时间。制曲原料采用鲁西北平原产的软质小麦。经过润料、粉碎、过筛和加水拌匀等前期处理过程，人工踩制成中心高的包包曲坯，待风凉断汗后入房培养。包包曲的顶火温度控制在62℃，顶火培养期10天（顶火温度比南方名酒厂高2℃至3℃）。大曲成熟后入库贮存，陈放半年后使用。优质中高温包包曲保证了古贝春酒质量的稳定。

3. 分层起糟，单独蒸馏

古贝春窖池酒醅分5个层次，每个层次单独蒸馏。控制好装甑和流酒气压以及流酒温度，缓慢蒸馏

古贝春的老商标

摘酒，把握分级（酒头、一级酒、二级酒、三级酒和酒尾），掐头去尾并选取优质酒，做到按质并坛。

4. 四阶段贮存

新酒先在陶瓷坛里面进行存放，通过挥发和缔合等作用，使酒达到醇和、香浓、味净等比较稳定的状态。

经过第一阶段的贮存，原酒有了非常稳定的状态，再经过选择把质量标准相同的酒进行组合，并转移到户外不锈钢大罐中进行第二阶段的贮存。第三阶段，古贝春采用原酒勾调，进行大样组合并在户外不锈钢大罐中贮存。第四阶段，半成品酒在勾调处理完成后过滤输入户外不锈钢贮存罐再次进行贮存。

5. 勾调

每一批经过贮存的原酒所含的微量成分都不相同。如果不经勾调，按照自然存放的顺序灌装出厂，酒质的差别会非常明显，就很难保持出厂产品质量的平衡、稳定及其独特风格。只有通过勾调，才能统一酒质、统一标准、突出风格，保证酒质长期稳定。

最后，通过严格的质检体系，古贝春酒包装出厂。

津酒：五粮工艺绵雅香

天津津酒是天津市最大的白酒酿造企业，前身是天津酿酒厂，1953年投产。2010年荣获"中华老字号"称号。津酒传承了津门700年的酿酒历史和工艺，采用传统固体发酵，对品质和工艺精益求精，使其成为北派绵雅浓香典范的代表。

渊　源

隋朝修建京杭大运河后，在南运河和北运河的交汇处（今金刚桥三岔河口，史称三会海口），是天津的发祥地。

金贞祐二年（1214年），在三岔口设直沽寨，这是天津最早的名称。明代朱棣于1404年，将此地改名为天津。

天津白酒酿造业早在元代初期（1282年），元代《接运海粮官去思碑》刻着这样的字句："直沽素无佳酿，海舟有货东阳之名酒，有司以进，公弗受。"说明早在距今700多年的元代初期天津已开始造酒了。当时叫"烧酒"，酿制的高粱酒叫白干烧酒。

晚清诗人崔旭在《津门百咏》中说："名酒同称大直沽，香如琥珀白如酥。"《天津志略》载："天津烧锅最盛时多达二十七家，大直沽竟占十六家。"又说："天津酒业尚称发达，大直沽一带尤为最富之区，所制

老天津生产的酒的商标

过去生产的津酒——四美酒

白干酒质高味醇，世称佳酿。"直沽酿酒随着天津的发展取得了长足的发展，成为津门当年繁荣的见证。

1951年，当时的中国轻工业部决定在天津投资新建一级酿酒厂。1952年国家组建天津酿酒厂，通过继承"直沽烧酒"传统的酿酒工艺，建厂初期便生产出了具有纯干爽口、酒质醇和的"直沽老白干（65度烧酒）"，后改为"直沽高粱酒"。

天津津酒老商标

20世纪70年代中期，津酒集团率先在我国北方地区成功研制出浓香型白酒。80年代初，公司科技人员经过数次反复攻关，在国内首先采用"淀粉吸附、低温冷冻"等方法研制成功浓香型低度白酒。该酒得到了市领导及专家的肯定，并取名为"津酒"。

1984年，国家质量奖审定委员会授予"津"牌津酒国家质量奖银奖。

2010年，津酒荣获"中华老字号"称号。

流　程

津酒酿酒用优质天然的高粱、小麦、大

麦、豌豆4种粮食制成高温大曲，采用大曲酒生产、窖泥发酵等独特工艺，酿制出具有天津特色的浓香型低度白酒。

天津津酒承袭传统古法酿酒工艺，沿用古老的"陶坛"贮藏法，恪守传统的"清蒸清烧"（混蒸混烧老五甑）酿造工艺，传承创新独到之"七星酒法"酿造技艺，深得"水、粮、曲、艺、窖、藏、技"之精妙，从润料、糊化到入池发酵，道道传统工艺，下足精致功夫。他们还通过"淀粉吸附、低温冷冻"等绿色生产方法研制出了不同香型及花色品种的酒品。

杏花村：使我醉饱无归心

汾酒因产于山西省吕梁市汾阳县（今汾阳市）杏花村，故又称杏花村汾酒。杏花村是中国著名的酒都，杏花村的汾酒，以清澈干净、清香醇正、绵甜味长，即色、香、味三绝著称于世。其清香风格独树一帜，成为清香型白酒的典型代表，自1953年以来，连续入选"全国八大名酒"之列。

渊　源

从考古发掘文物证实，山西杏花村汾酒酿酒史可上溯到4000多年前的史前期的龙山文化时期。汾酒的名字究竟起源于何时，尚待进一步考证，但早在1400多年前，此地已有"汾清"这个酒名。史料所载的"汾清"系黄酒类，我国的白酒，包括汾酒等名优白酒在内，都是由黄酒演变和发展而来的。

《北齐书》中就有记载，公元561年，北齐皇帝武成帝高湛劝侄儿河南康舒王孝瑜："吾饮汾清两杯，劝汝于邺酌两杯，其亲爱如此。"可见在距今1500年前的南北朝时，"杏花村"汾酒早已成为宫廷御酒。北周文学家庾信亦有"三春竹叶青，一曲鹍鸡弦"的名句赞誉竹叶青酒。

汾酒的老商标

唐朝时期，杏花村酿酒作坊达70多家，出现了"长街恰副登瀛处，处处街头揭翠帘"的盛况。杜甫也到此畅饮，李白前来"醉校古碑"写下"琼杯绮食青玉案，使我醉饱无归心"的诗句。

唐代以前的酒是"浊酒"，杏花村汾酒于唐代在北齐汾清酒的基础上酿出了中国酿酒史上第一种"蒸馏白酒"，称为"汾洲贡酒"。

宋代以后，由于炼丹技术的进步，在我国首次发明了蒸馏设备。1975年，河北省青龙县出土的金代蒸酒的钢制烧锅，可证明至少在宋代我国已有蒸馏酒。宋《北山酒经》记载："唐时汾州产干酿酒。"《酒名记》有"宋代汾州甘露堂最有名"之说，说的都是汾酒。

明清以后，北方的白酒发展很快，逐步代替了黄酒生产，此时杏花村汾酒即已是蒸馏酒。清代，杏花村的汾酒作坊多达200余家。

1948年汾阳解放后，汾酒获得了新生，正式成立了国营杏花村汾酒厂。

1980年，汾酒荣获国务院颁发的金质奖章。

2006年，汾酒酿造工艺被列入第一批国家级非物质文化遗产名录。

流　程

酿造名酒，必有绝技。《周礼》上记载了酿酒六法，即："秫稻必齐，曲药必时，湛炽必洁，水泉必香，陶器必良，火齐必得。"此为黄酒酿造法之精华。1932年，全国著名的微生物和发酵专家方心芳先生到杏花村"义泉涌"酒家考察，把汾酒酿造的工艺归结为"七大秘诀"，即："人必得其精，水必得共甘，曲必得其时，高粱必得其真实，陶具必得其洁，缸必得其湿，火必得其缓"的"清蒸二次清"工艺。

汾酒生产的工艺流程有制曲、酿造、贮配、成品包装四大主要工序。

汾酒酿造的主要原料为用于酿酒的高粱，用于制曲的大麦、豌豆和井水，另外还有辅助材料——谷糠和稻壳。

酿造汾酒以前主要用当地特产——"一把抓"高粱，1970年以后改用杂交高粱。

汾酒的老商标

历来名酒产地必有佳泉，酿造汾酒，用的是汾阳杏花村地区的井水，即地下水。中华人民共和国成立前，主要用浅层地下水。20世纪50年代后，开始使用深层井水。

谷糠、稻壳是汾酒酿造中最主要的辅料。辅料又称填充剂，其作用是调整入窖淀粉的浓度，吸收水分，保持浆水，疏松酒醅，带进更多的氧分，冲淡酸度，吸收酒精，为蒸料发酵、蒸馏创造必要的条件。谷糠、稻壳的品质要求是：新鲜，干燥，无霉变，无杂物，无异味，色泽金黄。辅料越新鲜，带入酒中的糠杂味就越少，酒的质量就越高。

酿造汾酒采用"清蒸二次清"的独特酿造工艺。汾酒固态28天发酵，地缸固态分离发酵，清蒸二次清，蒸馏出酒，是其他香型酒不可比的。其中像制曲、发酵、蒸馏等技能以口传心领、师徒相延的方式代代传承，在当今汾酒酿造的流程中，它仍起着不可替代的关键作用。

枝江酒：曲香窖香最秀雅

枝江自古为著名酒乡，春秋时枝江人已掌握了酿酒技术。枝江酒传统酿造工序多以酿酒师父的看、闻、摸、捏、尝等感官经验掌握，师徒之间口耳相授，身体力行，得以流传。专家评价枝江酒为"色清透明富有层次，曲香窖香浓而不艳，口感饱满厚而不烈"，谓之"曲香窖香最秀雅"。

渊　源

枝江历史悠久，据发掘的新石器时代遗址和境内出土的文物证明，早在6000年前，枝江地域上已有原始的农业、牧业生产，并形成了原始的社会部落。春秋前期乃楚都所在地，到了秦代，因长江至此分支而得名枝江。

现藏于中国历史博物馆的春秋早期青铜器时代枝江出土的铜方壶（盛酒或盛水器），便是楚国贵族们盛酒之器。这表明春秋时枝江人已掌握了酿酒技术。

明清时期，枝江酿造业得到空前发展。清嘉庆时期，松滋市秀才张元楠，携家带口来到枝江江口镇开设酿酒槽坊，取名"谦泰吉"，因其独特的酿造工艺，迅速蜚声遐迩。在秀才张元楠的影响下，江口先后兴办了数十家小槽坊，处处酒旗招展，酒坊林立，酒香缭绕，成为长江中下游一带著名的酒乡。据

枝江酒的老商标

枝江酒的老商标

清光绪十年（1884年）出版的《荆州府志》记载："今荆郡枝江县烧春甚佳。"

面对日益增多的槽坊，谦泰吉槽坊另辟蹊径，在酒曲中加入甘草、茯苓、杜仲等20多味中药，使谦泰吉酒于清纯中多了几分醇香，于提神鼓劲外多了几分药用价值，因而特别受顾客欢迎。谦泰吉槽坊酿出的烧春酒随着岁月的流逝，后演变成枝江小曲和枝江大曲，其独特的酿造技术一直延续下来。

中华人民共和国成立后，"谦泰吉"等5家酒槽坊被收归国有，组建枝江酒厂。1954年，枝江酒厂对枝江小曲酒工艺进行了改进，使枝江小曲的名气也越来越大。

1965年枝江小曲酒被定为一类产品。

1977年，江口大曲酒更名为枝江大曲酒。

1981年，国家商标局核准"枝江"牌注册商标。1982年江口酒厂更名为枝江县酒厂。

1994年，中华酿酒协会授予枝江大曲、枝江小曲首届"中华名酒金樽奖"称号。

1998年，成立枝江酒业股份有限公司。

2008年，枝江酒被国家工商总局认定为"中国驰名商标"。

2010年，枝江酒获"中华老字号"称号。

流　程

枝江酒是传统的固态发酵白酒，生产工艺包括：

1. 原料

枝江传统酿酒技艺一直遵循古传秘方，科学配比，以大米、糯米、高粱、小麦、玉米5种粮食为酿酒原料。原料处理主要是粮食粉碎，磨碎后的优质高粱等，增加了糖化剂（曲药）等对淀粉的接触面，使其充分糖化，有利于发酵，显著提高出酒率。

2. 发酵

枝江酒以纯小麦和选择不同时令制曲生产的"桃花曲""桑落曲"为糖化发酵剂，采取固态发酵，于百年老泥窖长达60到90天酝酿。

3. 蒸馏和量质摘酒

在传统的固态发酵白酒生产中，发酵成熟的酒醅采用甑桶蒸馏而得白酒。完成一次蒸馏的全过程需一个小时左右的时间。

量质摘酒是将整个蒸馏过程分为四个阶段的一种工艺质量控制措施，枝江酒酿造主要是通过"掐头去尾"保留中间馏分来确保酒质。具体来讲就是开始蒸馏时酒头中的暴辣成分较多，所以摘酒时要摘去酒头，酒尾中的酒精含量低、杂味重，所以摘酒时也要掐去酒尾，同时将所获得的不同馏分进行分别贮存，待老熟后作为勾兑用酒。

4. 贮存

一般来说，新酒刺激性大，气味不正，往往带杂味和新酒气，经过一定时期的贮存，酒体变得绵软，香味突出，显然比新酒醇厚、柔和。浓香型白酒的贮存时间至少要在一年以上，枝江酒严格要求所产基酒必须先经陶坛贮存后才能开坛使用。

5. 勾兑

枝江酒多为手工操作，其一窖一甑一班所生产的酒，质量不可能完全一致，勾兑的作用在于缩小差异，稳定酒质，取长补短，统一标准，提高质量。通过勾兑可以使酒质香气浓郁，风格突出，酒体完美。

衡水老白干：名驰冀北三千里

衡水老白干是河北名酒之一，历史悠久，可追溯到汉代。明代，衡水酒有"隔墙三家醉，开坛十里香"之誉。1979年，此酒被评为"省内名酒"，并获得著名商标产品证书。"老"，是指历史悠久；"白"，是指酒质清澈；"干"，是指酒度高，达67度，其味"闻着清香，入口甜香，饮后余香"。

渊 源

衡水，古属冀州。衡水酿酒可追溯至汉代。在汉和帝永元十六年（104年）的初春时节，冀州（现衡水）地区发生了洪涝灾害，但当地酒质优良，买卖数量仍然巨大，粮食的消耗与日俱增，为解决战乱和天灾而导致的粮食短缺，汉和帝下令当地禁酒4年，东汉景帝时也因旱灾诏禁冀州沽酒4年。这足以证明衡水酒在汉代就具有一定的名气与生产规模。

唐代，大诗人王之涣曾在今衡水地区任职，曾任衡水主簿，为衡水酒所倾倒，赞曰："开坛十里香，飞芳千家醉。"

到了宋代，由于宋辽的军事对峙，大量的军队驻扎在衡水地区，但他们喝的均是衡水的酒，这一时期，衡水酒的销量也达到了空前高度。

明嘉靖年间，衡水县城已有18家酿酒作坊，以德源涌最负盛名，其酒以洁、干著称于世，遂

过去的衡水老白干商标

名以"老白干",传颂朝野,一品为快。各地坊店多有效仿,沿袭至今。

清代,衡水老白干为全国五十五种名酒之一。宣统二年,获南洋劝业会大奖。

1915年,德聚坊李泽卿先生携衡水酒赴巴拿马万国博览会,获甲等金质大奖章,名列中国诸获奖酒品之首。

卢沟桥事变后,百业凋零,至抗战胜利时,衡水县城内仅存酒坊16家,勉强维持生计。

1946年,冀南第五专署会同衡水县政府,采用购买的办法将当时衡水仅有的16家私人酒作坊收归国有,成立了地方国营衡水制酒厂。

1988年,河北衡水老白干酿酒(集团)有限公司成立。

2008年,衡水老白干的酿酒技艺,被评选为国家级非物质文化遗产。

2018年8月,世界烈酒大赛结果于拉斯维加斯揭晓:衡水老白干的两款产品获得2018年世界烈酒大赛最高奖——双金奖。

流 程

衡水老白干酒以优质高粱为原料,纯小麦曲为糖化发酵剂,采用传统的"老五甑"工艺,地缸发酵,精心酿制而成。制作流程包括:

1. 原料的粉碎

衡水老白干酒采用东北优质红粮为主要原料进行生产,采用稻壳为辅料。东北优质红粮,要求颗粒饱满,无霉变,粉碎前需经脱壳处理。原料脱壳后采用双辊粉碎机粉碎。稻壳要求新鲜,无霉变和杂质。使用之前要清蒸40分钟以上,去除其邪杂味。

2. 发酵

配料要求均匀,将原料润湿后分成三堆,分别配醅,9到10缸酒醅配一甑,配料与加辅料分别进行,配好的酒醅要求均匀,无疙瘩,无五花三层,之后迅速盖上清蒸过的稻皮。

3. 装甑

衡水老白干生产用簸箕装甑。传统甑桶为木质，外面用三根铁箍固定。经过长期实践，职工总结出"三齐装甑法"。"一齐"即装甑开始至料醅约一尺厚，与桶外底箍相齐这一阶段。"二齐"指"一齐"后至料醅与第二道箍相齐这一阶段。"三齐"即"二齐"后到料醅与第三道箍相齐，准备扣盘的阶段。

4. 蒸馏

衡水老白干酒的蒸馏过程分四段，即酒头、酒身、尾酒、稍子。

5. 加浆

衡水老白干生产用水为优质深井水，水质清澈透明，入口微甜。

板城烧锅：燕赵大地窖香郁

承德乾隆醉酒业有限责任公司是国内白酒百强企业，其前身是一家有着几百年历史的庆元亨烧锅，主要生产板城烧锅酒、乾隆醉、紫塞明珠三大系列。板城烧锅酒液清亮、窖香浓郁、落喉爽净，饮后口不干、不上头。

渊　源

承德酿酒历史可追溯到东汉末年，当年曹操北征乌桓驻军此处，用出自喜峰口外宽河城的美酒犒赏三军，一举平定乌桓，宽河城的美酒被广泛传播。

河北板城酒业公司重建于1956年，前身是有着几百年历史的承德下板城"庆元亨"烧酒作坊。

1956年，承德县联合厂建立，并与庆元亨老烧锅合并，生产白酒、纸等产品。1962年，联合厂改为承德县食品厂，主要生产白酒、糕点、果脯等产品。1980年3月，白酒与食品分开，建立承德县酒厂，成为专业生产白酒的企业。

过去承德生产的福酒

改革开放以后，承德的酿酒产业更是有了突破性的发展，几乎每个县都有一个酒厂。由于承德市优良的气候、水质以及生态环境很适于酿酒，所以现在酿酒业已经发展成为承德的支柱产业之一，其中承德县的"板城烧锅酒"、平泉县的"山庄老酒"、丰宁县的"九龙醉"都是极具代表性的品牌。

2006年，板城烧锅酒获得商务部"中华老字号""中华文化名酒"等称号。

2015年，板城烧锅酒荣获"中国白酒烧锅酒品类领军品牌"称号。

流　程

板城烧锅一直坚持采取传统纯粮酿造工艺来酿酒，采用续糟续渣混蒸、混烧的"老五甑"工艺。

1. 原料

酿造板城烧锅酒的主要原料高粱、小麦均产自塞外，生长期长，经过板城烧锅酒独家的合理配比精心酿造，酒品芳香醇正，极具健康养生价值。

板城烧锅酒酿造用水，全部取自滦河之滨地下深层水，水质清冽晶莹，成酒香浓甘润。

2. 酒曲

板城烧锅酒所用大曲，采用传统工艺与现代化生物科技相结合培育而成，特制的"酒魂"在发酵过程中使酒生成多种香味物质，形成了板城烧锅酒的独特风味。

3. 发酵

发酵时则采用人工窖泥单轮或者多轮、固态发酵形式，发酵周期可分为35天、70天、120天、180天。在蒸馏时，则是采质摘酒，看花分段、分级的做法。蒸馏完成后，原酒被分级入库、分级贮存。

4. 勾兑

优质原酒将被置入地下酒窖进行陈酿，一般储存5至15年。最后，经专业勾调师勾调后，就成了高档的板城烧锅酒。如今的板城烧锅酒勾兑技术，已形成了以计算机勾兑专家系统和人工尝评相结合的独具特色的综合工艺技术，在国内居领先地位。

民国时期的烧酒宣传单

黄鹤楼：固态发酵鹤归来

黄鹤楼酒前身是汉汾酒，1929年汉汾酒就在中华国货展览会上获一等奖。1984年，汉汾酒以古迹为名，易名为"黄鹤楼酒"，黄鹤楼酒是名副其实的中国三大清香型名酒之一，民间有"南楼北汾"的赞誉。

渊　源

武汉由武昌、汉口和汉阳三镇组成，酿酒历史悠久。三国鼎立时期就有"酒醉水淋群臣"的典故；公元1898年湖广总督张之洞将酒进献朝廷，被赐

黄鹤楼酒的商标

名"天成坊"，寓意"佳酿天成，国富民强"。

有关黄鹤楼的来历，相传仙道费子安在此跨鹤乘云而去，在此开酒肆的江夏人辛氏为纪念此事，于飞升处建黄鹤楼。宋朝时期，鄂州（武汉）是个中小型的产酒区，历代文人仰慕黄鹤楼盛名，前往游览、品尝美酒的人络绎不绝。

到了清末，仅汉口就有百余家酒坊，此时虽以黄酒居多，但汉汾酒业已问世，除此之外，还有冰橘烧、桂花烧、竹叶青等酒品。在众多酿制汉汾酒的槽坊中，以"老天成槽坊"的品质最佳，最负盛名。

1952年，国家以老天成槽坊等几家优质酒坊为基础，建成了武汉酒厂，沿用传统工艺生产汉汾酒。1962年，国营武汉酿酒厂成立，在学习汾酒的酿制工艺后，酒的品质大为提升，改名为特制汉汾酒。1977年，酒厂重新更名为武汉酒厂。到了1984年，恰因黄鹤楼古迹的重建，武汉酒厂（于1977年更名）为打造自己的品牌，脱离"汾酒"二字的影响，便以黄鹤楼古迹为酒名，改"汉汾酒"为"黄鹤楼酒"，同年在太原举行的第四届全国评酒会上，该酒和茅台、五粮液等13种白酒一起被评为"国家名酒"，获金质奖章。

1989年，在合肥举行的第五届全国评酒会上，特制黄鹤楼酒再次被评为"国家名酒"，获金质奖章。1992年改厂名为"黄鹤楼酒厂"。

到了20世纪90年代中期，液态酿酒法被广泛推广。但液态酿酒法对成酒品质稍有影响。黄鹤楼酒坚持纯粮固态发酵酿酒法。在2006年元月，黄鹤楼酒获得中国食品工业协会、白酒专业委员会授予的"纯粮固态发酵白酒"标志证书。

2011年，黄鹤楼酒被商务部认定为"中华老字号"。

2017年，荣获中国酒博会青酌奖，国家工商总局商标局认定"黄鹤楼"商标为"中国驰名商标"。

流　　程

汉汾酒的酿造、勾调工艺从"天成坊"时代以来就是口传心授、秘不外传的，它们是黄鹤楼酒重要的无形资产。

黄鹤楼酒特有的酿造流程大致为：以水、高粱、小麦、玉米、糯米和大米为原料，以大麦和豌豆踩制的清茬曲、红心曲、后火曲为糖化发酵剂。酿制时，热水打浆，掌握适当入池水分，采用地缸分离低

黄鹤楼酒的老商标

温缓慢发酵、石板封缸的工艺，回沙、回醅、断吹回酒、缓火蒸馏、掐头去尾、再量质摘酒、分级贮存。

目前，黄鹤楼酒采用洞酿工艺，即白酒从生产、发酵、酿造到储藏，都在常年恒温恒湿的天然山洞里完成。这独特的自然环境和生产工艺，使黄鹤楼酒夏季仍然可以从事生产。

双套黄酒：酒中套酒复式酿

玉祁双套黄酒是中国甜黄酒优秀手工技艺的代表，其酿造技艺工序繁复，从浸米、蒸饭、开粑，到露天堆醅发酵、落缸、榨酒、煎酒，每道工序都精益求精。麦曲头道工艺不粉碎，米饭要酥而不烂，米浆水要采用上等精

白糯米浸泡20余天再煮沸撇沫提炼，等等，生产工序要经过大小三十余道，是全国黄酒酿造行业里沿用至今的唯一传统酿造工艺。

渊　源

黄酒，亦称米酒，被誉为"液体蛋糕"，是我国的特产，世界上最古老的酒类之一，约在3000多年前，商周时代，玉祁酒坊独创酒曲复式发酵法，开始大量酿制黄酒。黄酒派别众多，主要分浙派黄酒，包括古越龙山、会稽山等；苏派黄酒，包括玉祁双套、江阴黑杜酒等。玉祁酒业生产的黄酒跟江浙一带黄酒相比，口味偏甜，口感较为清爽，更醇香、醇厚。

无锡惠山玉祁，是中国黄酒的发源地之一。据1269年宋咸淳《毗陵志》记载，在当时玉祁已经设置酒务官员，监管酒类生产及流通。当时玉祁人几乎家家户户都能酿造黄酒，因而当地流传着一句民谣："门前垒三灶，锅台三尺高，妻子拉风箱，丈夫把酒酿。"由此可以推断玉祁的酿酒业在南宋时期就已经兴盛一时。

到了1816年，玉祁新桥人刘洽丰开坊酿酒，在酿造过程中首创复式酿酒法，即用陈年黄酒代替醅水，以酒做酒，不加生水，所酿之酒异香扑鼻，干饴醇厚，十分可口，因其酒中套酒，故称双套酒。从此刘家酿酒法对外秘而不宣，本家亦是传子不传女，直至20世纪40年代初，刘家为博采众长，聘请江阴桐岐酿酒师顾福佩，并经他结合自己的特长，完善了双套酒独树一帜的大酵法酿造技艺。

1956年，无锡县（今无锡市）人民政府正式批准锡西酿酒工厂实行公私合营，并定名为公私合营锡西酿造厂。顾福佩成为公私合营的玉祁酒厂技术总工程师，传承了双套酒酿造技艺，直到

玉祁双套酒的商标

70多岁才退休。

1964年，地方国营的玉祁酒厂，开始公派学徒，当时的学徒倪林生由厂方指定为双套酒酿造掌门人顾福佩的弟子，成为第五代大酵法酿造双套酒的传人。

1967年，企业更名为地方国营无锡县酒厂。

1994年，姚永海大学毕业后，经招聘进入玉祁酒厂并跟随倪林生学习大酵法酿造技艺，成为第六代传人。

2003年10月，企业重新注册登记为无锡市玉祁酒业有限公司。

2009年，玉祁双套酒酿造技术入选浙江省政府批准公布的第二批省级非物质文化遗产名录。

2010年，玉祁双套（也叫无锡老酒）黄酒被商务部认定为"中华老字号"产品。

流　程

历史悠久的玉祁双套黄酒依旧保留着古法酿造技艺：三伏培养酒药，八月踏制麦曲，立冬投料发酵，立春开榨煎酒，讲究的是"天有时，地有气，材有美，工有巧"。

比如"浸米"，要使糯米完全吃水，米浆水要达到一定酸度和浓度；蒸饭要做到"酥而不烂，内无白芯"，糯米饭采用摊饭法进行自然冷却，保持米粒的完整度。将糯米饭倒入大缸内，加入磨成粉末的酒药丸，拌在糯米饭内，不断翻动糯米直至形成窝状，搭窝发酵，从小陶土钢盆到中缸，分级培养成"大酵头"，再放入大缸生产。

总体来说，玉祁双套酒采用的是传统"大酵法"酿造技艺，主要流程有：

1. 菌种采集

每年7月、8月，采集新鲜酒药草，捣烂取汁，加入米粉，制成药丸，置于约35℃室温的室内，采集空气中的野生酵母菌自然发酵，成熟、晒干待用。

2. 浸米蒸饭

选用安徽怀远上等精白糯米，浸泡15至20天，使糯米完全吃水，米浆水达到一定的酸度和浓度可作为"大酵头"的培养液，这是"大酵法"区别于其他技艺的独特之处。

3. 大缸生产

"大酵头"培养好后，将糯米饭、陈年糯米黄酒（代替醑水）与麦曲混合后，进行大缸生产。

4. 开耙

发酵24小时后进行人工摸饭，主要将缸内的米饭、曲块捏碎，使其充分发酵，待酒醪成熟后进行开耙，其主要目的是翻匀。开耙时机和翻动次数完全由师傅根据经验来定。

5. 压榨过滤

将成熟的酒醪灌入蚕丝绢袋，放在木榨内压榨过滤，过滤后的清酒经48小时沉淀，再加热杀菌，封装入库保存。

玉祁双套酒酿造技艺的核心是"大酵法"，而"大酵法"的酿造技艺主要是凭酿酒师傅的经验来操作，它完全区别于其他酿造技艺，是我国黄酒酿造行业中一颗璀璨的明珠。

即墨老酒：营养丰富延年寿

即墨老酒历史悠久，酿造工艺独特。酒液清亮透明，呈深棕红色，酒香浓郁，口味醇厚，微苦而余香不绝。即墨老酒还是"营养酒王"，含有16种人体所需要的微量元素及酶类维生素，17种氨基酸，比啤酒高10倍，比葡萄酒高12倍。适量饮用，能促进人体新陈代谢，增强体质。

渊　源

　　根据考证，即墨老酒起源于商代，早在甲骨文上就有了关于即墨老酒"酉"字的记载，《说文》中解释"酉，酒也，八月黍成可为酎酒"，用黍米酿酒者唯有即墨老酒。1975年，在即墨出土了距今已有5000多年历史的陶器"小酒杯"、商代提酒用的陶器"堤梁卤"和喝酒用的"爵"、周代温酒用的"舟"、汉代行酒令用的"投壶"和喝酒用的"角"，都证明从原始社会开始，即墨地区就酿酒了。

　　到了春秋战国时期，即墨老酒成为当地民间最常用的助兴饮料和祭品，俗称"醪酒"。据《即墨县志》和有关历史资料记载：公元前722年，即墨地区（包括崂山）已是一个人口众多、物产丰富的地方。这里土地肥沃，黍米高产（俗称大黄米），米粒大，光圆，是酿造黄酒的上乘原料。当时，黄酒称"醪酒"，作为一种祭祀品和助兴饮料，酿造极为盛行。

　　盛唐时期，诗仙李白晚年到崂山看望安其生道长时，安其生道长用即墨老酒招待李白，李白饮酒后留下了"所期就金液，飞步登云车。愿随夫子天坛上，闲与仙人扫落花"的千古佳句。

　　两宋时期，酒禁放宽，推行民酿交酒税，官酿专卖政策，黄酒盛行。宋朝时，出现了压榨技术，俗称"老干榨"。宋神宗熙宁七年（1074年），人们为了把酒史长、酿造好、价值高的"醪酒"同其他地区黄酒区别开来，以便于开展贸易往来，又把"醪酒"改名为"即墨老酒"，此名沿用至今。到清道光年间，即墨老酒产销达到极盛时期，已远销南北，出口南洋，享誉中外。清光绪年间，即墨城内有"隆

20世纪90年代的即墨老酒商标

盛栈"等有名的老酒馆十几家。到了1931年，"源兴泰""泉盛祥""元聚栈""振源馆"等有名的老酒作坊就增加到500余家，沿墨水河两岸的"老酒馆"生意特别兴隆。民国时期，即墨城乡所有生产和销售黄酒的作坊和酒肆均称黄酒馆，民间用黍米酿造的酒也都称为黄酒或米酒。

1949年中华人民共和国成立后，即墨县政府组建即墨县黄酒厂，国家对酒类实行专酿专卖，为便于同其他地区生产的黄酒区别，山东即墨黄酒厂将生产的黄酒正式定名为"即墨老酒"。后经国家工商总局核准，"即墨老酒"四字成为山东即墨黄酒厂的注册商标，享有专用权。

1959年，在印度举办的世界博览会上，即墨老酒赢得高度评价。1984年在全国轻工系统酒类质量大赛中获金杯奖。

1988年，即墨县黄酒厂更名为山东即墨黄酒厂。

1998年，即墨黄酒厂产权转让给山东工艺品进出口（集团）股份有限公司。

2002年6月，新华锦集团成立，山东即墨黄酒厂转入新华锦集团管理。

2009年，"即墨"牌商标被国家工商总局认定为"中国驰名商标"。

流　程

即墨老酒，是选用优质大黄米（黍米）为原料，以崂山矿泉水为酿造用水，沿用《古遗六法》中"黍稻必齐，曲蘖必时，濯炽必洁，泉水必清，火剂必得，陶器必良"的传统工艺，并结合现代工艺酿造而成。

1. 黍米必齐

酿造老酒必须用米中之王，即颗粒饱满整齐、色泽金黄均匀的优质大黄米（黍子去壳而成）做原料，这是即墨老酒与其他黄酒的根本区别。

2. 曲蘖必时

酿造老酒的曲种，必须选用在三伏天用优质小麦在透风采光、温度适宜的室内踏成并陈放一年的麦曲做糖化发酵剂，即中医所用之"神曲"。

3. 濯炽必洁

酿造、存储老酒的器具必须严格杀菌消毒，防止杂菌污染。

4. 泉水必清

即墨酿造老酒，采用的是甘甜爽口的崂山麦饭石矿泉水，好水才能酿好酒。

5. 火剂必得

酿造老酒的火候必须调剂适度，使温度能升能降，散热均匀，恰到好处。

6. 陶器必良

酿造老酒的容器，要选用质地优良、无渗漏的陶器或无毒无味的其他现代容器。

经过如此处理的即墨老酒再经过储存，然后进行勾兑并包装出厂。

春生堂：消瘀祛湿舒筋络

春生堂是泉州的百年老字号，它始于1820年，距今已有180多年的历史。春生堂保健酒具有养身保健作用，酒质醇正，常饮能滋补身体、舒筋活血、健胃养脾。春生堂保健酒不但可以直接饮用，还可以用于烹饪药膳，适量饮用有益于身体健康。

渊　源

泉州酿酒的历史悠久，考古工作者在南安、永春等地的新石器时代遗址中发现罐、壶、瓮、杯等陶质酒具，在两晋至南朝的墓中，南安丰州、晋江池店一带就有鸡首壶、带系罐、碗等盛酒器的存在，还有温酒器鐎斗等。清道光《晋江县志》记载："晋人常饮，惟醇酒……今用番薯造酒，糯米浸甜自佳。"不论是考古发现还是史料记载，均表明泉州酒文化悠久，或有千百年历史。

据考证，宋元时期酿酒生产出现高峰期。到了清代，据《泉州市志》记载：安溪人在泉州花桥宫开"如春酒店"，用上等糯米和清纯泉水酿造"如春老酒"，为泉州名酒。

道光年间（1821—1850年），永春人郭信春秘制"春生堂"药酒。郭信春精拳术，晓医理，对跌

春生堂药酒的老商标

打损伤、久年风湿、气虚血衰等症深有研究。在当地开了中草药铺，名"回春堂"，为百姓治病。他创制以"狮球"为商标的春生堂风伤药酒，酒质醇厚，具有祛风、补筋骨、舒筋活络、补血益气等功效，对妇女坐月子也很有好处。清末，春生堂秘制酒成为闽南地区著名的药酒。

1940年，春生堂益寿酒、春生堂秘制风伤补酒在沿海地区十分盛行，并销往东南亚一带。1953年，郭氏第三代传人带着春生堂秘制工艺和配方，公私合营于国营泉州酒厂。

1993年，国营泉州酒厂引进外资，"变身"福建泉州中策啤酒公司。2000年，中策啤酒更名为福建泉州清源啤酒朝日有限公司。

2006年，春生堂酒获得商务部"中华老字号"称号。

2009年，春生堂酿造技术被列入福建省非物质文化遗产保护名录。

流　程

春生堂秘制酒药方配制科学，采用党参、川芎、沉香、原豆蔻、砂仁、肉桂、当归、熟地等30余味名贵药材，经用刀把药材破碎、用白酒在缸中浸

药后提取药液，以陈年高粱酒、优质米酒为酒基，配上30多种药材浸、熬、煮后提取的药液、白砂糖为辅料，调配精制，再经过化验、静置、过滤、陈酿、过滤、精细加工而成，再经过检验、装瓶，然后上市销售。春生堂秘制酒传统酿制技艺独特，至今仍由传承人掌握，保持传统秘制状态。

ᦰᦰᦰ 丹溪酒：浓红恰似火齐珠

丹溪红曲黄酒源自1327年，传承自"中国十大名医""金元四大家"之一、元朝著名医学家朱丹溪的医药文化，是纯手工酿造的红曲黄酒。丹溪红曲酒呈深琥珀色，香溢柔和，味感绵甜，醇香品正，既能补充人体必需的氨基酸营养成分，又能分解及清除肠内油腻，帮助消化，深受消费者喜爱。

渊　源

义乌是全国谷物酿酒史上较早酿酒的地区之一。西晋永兴元年（304年），义乌人朱汛卸任东阳郡太守，居于赤岸丹溪旁薄墟村，每年立冬后取丹溪水，用红曲酿造米酒自饮，这便是丹溪红曲酒的雏形。

五代时期，吴越王钱镠为了偏安江南，岁岁向梁、唐、晋、汉、周各王朝进贡，红曲酒被列入贡品。

东汉"建安七子"之一的王粲在《七释》中说："瓜州红曲，参糅相半，软滑膏润，入口流散。"唐代褚载的诗中说："有兴欲沽红曲酒，无人同上翠旌楼。"中国历史上出现了"红曲酒"这个词。唐代李贺的《将进酒》中"琉璃钟，琥珀浓，小槽酒滴真珠红"的诗句，说的是："明净的琉璃杯中，斟满琥珀色的美酒，淅淅沥沥槽床滴，浓红恰似火齐珠。"到宋代，红曲制酒已相当普遍，当时，已有义乌人通过运河将红曲酒运到开封。那时所制的红曲及红曲酒种类杂乱，红曲酒的制法各师各法，极不规范，品

过去的丹溪红曲酒宣传册

质很难保证。

元代，赤岸人朱震亨（1281—1358年），居丹溪之旁，学者尊称其"丹溪翁"，后人因之称其朱丹溪。朱丹溪终生行医为业，他将红曲和用红曲酿造的酒应用于医学中，并将其药用功效和酿造方法写进了《本草衍义补遗》一书中，由此红曲酒的饮用价值和药用价值得到了升华。清乾隆二十八年（1763年），朱丹溪代代裔孙沿袭先祖遗训，以先祖《本草衍义补遗》中著述的传统工艺酿造丹溪红曲酒，深得乾隆皇帝的喜欢，使家坊酿造的丹溪红曲酒名声在外。

1979年，朱丹溪后裔仍然恪守先祖遗训，创办了赤岸公社酒厂，1984年改为义乌丹溪酒厂，并向国家工商局申请注册了"丹溪牌"商标。1998年组建丹溪酒业公司。

流　程

义乌红曲酿的酒，生产工艺独特，其酿造工序为：

1. 备料

首先选择优质糯米，其次选好水。丹溪红曲酒的水源自双峰山麓，是国家一级饮用水。经过专家鉴定水中有丰富的微量元素，是丹溪红曲酒味醇厚的重要原因。最后，酿好酒，要有好"曲"，丹溪酒用的是米酒，不同于其他黄酒生产地用的麦曲，再加上绝不用化学原料，而是加入中药植物枝叶及汁液，因而是纯绿色食品。

2. 酝酿

曲、水、米齐备，就可以酿酒了。丹溪红酿酒的许多操作程序沿袭古老的酿酒工艺，依然保持天然大缸发酵、木榨过滤、自然澄清。同时，从分层起糟、续糟、蒸酒到封坛，也是人工操作。最后经过装坛、储存，然后装瓶出厂。

珍珠红酒：椎牛蒸羊饮美酒

广东兴宁产的珍珠红酒，历史悠久，沿东江一带早就流传着"兴宁老酒（珍珠红酒）长乐烧"的说法。珍珠红酒属于一种黄酒，用特有的珍珠米酿制而成，代表了底蕴深厚的中国黄酒文化。经国家鉴定，珍珠红酒含人体必需的多种氨基酸、微量元素，是强身健体之佳品。

渊　源

广东明珠珍珠红酒业有限公司地处客家聚居地广东梅州市兴宁市（古时称齐昌市），自古以来城乡酿酒十分普遍，几乎家家户户都会酿造，特别是兴宁老酒（即黄酒，珍珠红酒的雏形），逢年过节、办喜事、生小孩坐月子、补身体都必须酿酒。因此，兴宁酿造黄酒的历史很久远。

在明代已有很多酒厂出现，据祝允明纂《兴宁志》载，洪武二十四年（1391年）征酒纳税课"六十二锭八十文"。正德年间，祝允明（祝枝山）任兴宁知县时，开设"珍珠红槽坊"酿制黄酒，因酒色红艳有光，故名"珍珠红"。

清代程允升在《幼学琼林》中称，"葡萄绿、珍珠红悉重香醪"。此酒的酿造工艺在广东沿海

珍珠红酒的老商标

讲客家话的城乡流传甚久，故又有"客家酒"之名。

历史上珍珠红皆为小作坊生产，产量有限。直到1956年建成兴宁县酒厂继续生产珍珠红酒之后，产量才增加，质量也不断提高，并成为广东省优质酒。

流　程

珍珠红酒属甜型黄酒，酒气芳郁，味醇蜜甜，酿造流程主要有：

首先，选用优质珍珠黑糯米作为原料。过筛的糯米于缸中浸渍，浸米时间夏季2个小时，冬季6个小时左右。然后将糯米冲洗干净，进行蒸饭，蒸到饭粒既松又熟为宜。蒸好的米饭用清水淋冷至28℃至30℃，然后入缸搭窝，经20至24个小时后，窝内出现糖液，此时应控制品温在35℃以下，以保证发酵正常。

其次，选酒药，广东俗称"酒饼"，是决定珍珠红酒风味的关键辅助材料。它以米粉、统糠、铁马鞭（酒饼草）为原料制成，含有多种霉菌和酵母菌类，在珍珠红酒生产中起糖化发酵作用。

再次，采用多轮发酵的工艺。糖化发酵前期为传统半固态发酵，发酵8至10天后的酒醅（子醅）转入带有陈年成熟酒醅（种醅）混合发酵，取一半成熟酒醅蒸馏，留一半成熟酒醅作为前体与下一轮子醅重复发酵，如此循环，重复发酵，重复分割。

最后，新酒味辛烈、欠香，灭菌后应贮存一年至数年，使酒味变得幽雅芳香，酒色深红并有光泽。为使每批产品达到统一均匀的质量指标，应在包装前对产品进行勾兑，使各批产品取长补短，均匀一致。酒度不足的酒，则以酒度高的酒去勾兑。然后包装、出厂。

青岛啤酒：原料上乘制佳酿

青岛啤酒是我国知名啤酒品牌之一，选用优质大麦、大米、上等啤酒花和软硬适度、洁净甘美的崂山矿泉水为原料酿制而成。酒液清澈透亮、呈淡黄色，泡沫清白、细腻而持久，深受国内外啤酒爱好者喜爱。

渊 源

1903年8月，"日耳曼啤酒公司"在青岛市开业。建厂之初，不仅大麦、啤酒花等原料从德国运来，还使用德国的全套设备。由于水没法进口，因而选了啤酒厂的地下水，柏林一家专业机构检测出，该水是天然优质的酿造用水。渐渐地，青岛市民开始饮用啤酒。

第一次世界大战爆发，德国战败，青岛沦为日本殖民统治区。日本人用

青岛啤酒的商标

青岛啤酒的老广告

了50万银圆买下了啤酒厂，啤酒厂易主，更名为"大日本麦酒株式会社青岛工场"。日本人把生产淘汰的酵母废物利用，制成了维他益片，也就是现在的酵母片。

1945年抗日战争胜利，当年10月，工厂被国民党政府军政部查封，旋即由青岛市政府当局派员接管，工厂更名为"青岛啤酒公司"。1947年6月14日，"齐鲁企业股份有限公司"从行政院山东青岛区敌伪产业处理局将工厂购买走，定名为"青岛啤酒厂"。

1949年6月2日，青岛解放，啤酒厂改名为"国营青岛啤酒厂"。

1979年以后，随着国家产业政策的调整，工厂的活力日益增强，工厂大规模引进国际上先进的技术装备。

1991年9月，青岛啤酒被评为"中国十大驰名商标"之一。

流　程

青岛啤酒采用优质麦芽、大米、酒花和水，经过糖化、过滤、冷却、发酵、包装等工序精制而成，它采用现代一罐法酿造工艺和独到的低温长时间后熟技术，历经30多天精心酿制，同时通过国内领先的啤酒保鲜技术，保证啤酒口味的新鲜。

麦芽：采用进口优质大麦，经青岛啤酒独特的制麦工艺精心制备而成。

大米：以国内领先的大米新鲜控制技术保证大米的新鲜，并采用适宜的代码配比。

酒花：采用优质的青岛大花和制定的优良香花。

水：酿造用水。

酵母：采用青岛啤酒独特的啤酒酵母。

第二章
饭店美食类老字号

中国是文明古国，饮食文化源远流长，世界闻名。历史不同、地域不同、风俗不同，饮食文化也不同。我国的饮食文化在长期发展过程中，形成了风味多样、四季有别、讲究美感、注重情趣、食医结合等风格和选料精良、刀工细巧、火候独到、技法各异、五味调和、情调优雅等特点。

几千年的『吃文化』造就了世界上『最会吃』的中国人，也留下了无数美食，这其中就包括很多『中华老字号』。中华美食老字号不仅是一个地区的特色代表，还是品质和口碑的保证。我们了解这些美食老字号，不仅可以品尝到无与伦比的美食，还可以感受到历史文化的传承和韵味。

全聚德：菜系驰名技艺绝

全聚德创建于清同治三年（1864年），经过100多年的不断发展与创新，全聚德形成了以全聚德烤鸭为代表的、被誉为"中华第一吃"的全聚德菜系。1999年1月，"全聚德"被国家工商总局认定为"驰名商标"，是中国第一例服务类中国驰名商标。全聚德烤鸭肉质鲜美，深受消费者喜爱。

渊　源

北京烤鸭历史悠久，早在南北朝的《食珍录》中已记有炙鸭。元朝天历年间的御医忽思慧所著《饮膳正要》中有"烧鸭子"的记载，烧鸭子就是"叉烧鸭"，是最早的一种烤鸭。而北京烤鸭则始于明朝。朱元璋建都南京后，明宫御厨便取用南京肥厚多肉的湖鸭制作菜肴，他们采用炭火烤，使鸭子肥而不腻，被皇室取名为"烤鸭"。

公元15世纪初，明朝迁都北京，烤鸭技术也带到北京，并被进一步发展。

早年，在北京经营烤鸭店的有便宜坊、全聚德、六合坊、祯源馆等，其中以便宜坊、全聚德两家名气最大，至今兴盛不衰。

全聚德创立于同治三年（1864年），以经营挂炉烤鸭而著称。全聚德烤鸭店的创始人是杨全仁（1822—1890年），本名寿山，字全仁，是河北冀县（今冀州市）杨家寨人。初到北京时在前门肉市街做生鸡鸭买卖，生意越做越红火，也有了一些积蓄。1864年，他盘下了肉市街一家濒临倒闭的干果店，立新字号为"全聚德"，开始经营烤鸭和烤炉肉。在他的苦心经营下，全聚德一天天发展，由一个普通的烤炉铺发展成为一个以挂炉烤鸭为特色、兼有各式炒菜的名副其实的餐馆。

全聚德创始人杨全仁
（1822—1890）

全聚德门店牌匾上的"全聚德"三个
字，"德"字少一横

全聚德烤鸭店现保留的老店门面建于清光绪十四年（1888年）。门面上方的"全聚德"三个字赫然醒目。

很多人都注意到，全聚德牌匾上的"德"字少了一横，这是为什么呢？因为过去毛笔写"德"字，可以有一横，也可以没有横。例如，北宋真宗年间（1004年）铸造的"景德通宝"的"德"字就没有横，而明朝宣宗年间（1426年）铸造的"宣德通宝"的"德"字就有横。两种写法都是正确的。全聚德为了保持其牌匾的历史原貌，牌匾上的"德"字一直少一横。

中华人民共和国成立后，全聚德进行了公私合营，新设分号，扩建老店。1993年5月，中国北京全聚德集团成立。1994年6月，由全聚德集团等6家企业发起设立了北京全聚德烤鸭股份有限公司。

1999年1月，"全聚德"被国家工商总局认定为"驰名商标"。

2005年1月，北京全聚德烤鸭股份有限公司更名为中国全聚德（集团）股份有限公司。

流　程

2019年2月，《京菜传统挂炉烤鸭烹饪技术规范》和《京菜传统焖炉烤鸭烹饪技术规范》正式实施，其中要求原料应选用5到6斤的白条鸭，吃烤鸭的配料少不了荷叶饼、甜面酱、白砂糖、葱丝、黄瓜条，而且荷叶饼要配20张。标准规定，挂炉烤鸭是以果木为燃料，在特制的烤炉中以明火烤制成熟。而焖炉烤鸭是在专用烤炉中以全预混式无焰燃烧技术进行烤制成熟。吃烤鸭时，提供3种片制供选择：片条、片片、皮肉分片。

全聚德烤鸭有一套完善的环环相扣的烤制工序：宰杀、烫毛、煺毛、吹气、开生、掏膛、支撑、洗膛、挂钩、晾皮、烫皮、打糖、再晾、堵塞、灌水、入炉、燎裆、转体、出炉等。全聚德烤鸭的吃法也很有讲究，裹在荷叶饼中，配以甜面酱、葱条或黄瓜条食之，酥香鲜嫩，一卷就食；还可将烤鸭蘸了甜面酱，同葱条一起塞进空心芝麻烧饼中吃。

全聚德烤鸭的主要制作流程如下：

1. 清理鸭子

挑选好的鸭子先去鸭掌、取鸭舌、充气。充气是个技术活，充气完成后鸭子全身的鸭皮均匀膨起。然后开刀口、断直肠、掏净鸭内脏，再涮鸭膛保证膛内无污物及血迹。之后，再将鸭撑支撑起来，使鸭脯隆起。最后，去鸭膀、洗膛、挂钩。挂钩是将鸭挂起，便于烫皮、打糖、晾皮和烤制。

2. 烫皮、打糖、晾皮

烫皮是将挂好的鸭子用100℃的开水在鸭皮上浇烫，以使毛孔紧缩，表皮层蛋白质凝固，皮下气体最大限度地膨胀，皮肤致密绷起，油亮光滑，便于烤制。

20世纪80年代全聚德的菜单

打糖是往鸭身上浇洒糖水，使烤鸭具有枣红色，并可增加烤鸭的酥脆性。先将鸭子周身沾满糖水，用浇的方法打两次。然后，沥净膛内的血水，挂在通风处晾干。如果当时不烤，可将鸭子放入冷库内保存，在烤制入炉前，再打一次糖，以增加皮色的美观，并弥补第一次打糖不匀的缺陷。

晾皮是为了把鸭皮内外的水分晾干，并使皮与皮下结缔组织紧密连接起来，使皮层加厚，烤出的鸭皮才酥脆，同时能保持原形，使鸭的胸脯在烤制时不致跑气下陷。

晾皮必须在阴凉通风处晾干，不能放在阳光下晾晒，以防表皮流油，影响质量。

3. 烤制

在将鸭子入炉前，先在肛门处塞入一节长8厘米的高粱秆，而后从体侧刀口处灌入八成满的开水。烤时，使鸭子内煮外烤，熟得快，并且可以防止鸭肉内的水分过度消耗，使鸭肉外脆里嫩。

鸭子进炉后，先烤鸭的右背侧，即刀口一面，使热气先从刀口进入膛内，把水烤沸。6至7分钟后，当鸭皮呈橘黄色时，转向左背侧烤3至4分钟，也呈橘黄色时，再烤左体侧3至4分钟，并燎左裆30秒钟；烤右体侧3至4分钟，并燎右裆30秒钟；鸭背烤4至5分钟。然后，再按上述顺序循环地烤，直到全部上色、成熟为止。

4. 片鸭

鸭子烤好出炉后，先拔掉堵塞，放出腹内的开水，再行片鸭，其顺序是：先割下鸭头，接着开始片鸭脯肉、翅膀肉、鸭腿肉，片到鸭臀部为止。一只两千克的烤鸭，可片出约90片肉。

东来顺：风味涮肉有特色

东来顺饭庄是1903年建店的清真饭庄，距今已有100多年的历史，是北京市一级餐馆单位，以经营传统风味涮羊肉而驰誉海内外。饭庄多年来一直保持选料精、加工细、作料全、火力旺等特点，这里的涮羊肉吃起来又香又嫩，不膻不腻。

渊 源

东来顺的创始人是丁德山，字子清，河北沧州人氏，早年往城里各煤场送摇煤球用的黄黏土。每日从城外拉黄黏土往城里送，经常路过老东安市场。老东安市场当时是个交易市场，人来人往，热闹非凡。丁德山看准了这块风水宝地，用干苦力攒下的积蓄，在东安市场北门搭了一个棚子，挂上"东来顺粥摊"的牌子，名字的意思是"来自京东，一切顺利"。刚开始，规模不大，只是一间小木棚，经营品种为豆汁、杂面、馅饼、羊杂等。

1912年，老东安市场失火，木棚被焚，丁德山十年心血毁于一旦，他不甘心，四处筹集资金，于1914年重新开张，并扩大为"东来顺羊肉馆"，经营羊肉饼和羊杂汤。后来又把涮羊肉引进了店堂。

当时，在京城刀工师傅中，最有名气的是正阳楼的一位切肉师傅。丁德山用重金把这位切肉师傅"挖"到自己店里，慢慢使东来顺的肉片成为京城一绝。丁德山在解决了切工的问题后，又在调料配制方面进行改革，在经营中又掺入了宫廷配方，形成了自己的独特风味，东来顺由此而闻名京城。

近百年来，东来顺的传人们秉承传统，形成了风味涮肉的四大特色：选料精，调料全，糖蒜脆，火锅旺。

中华人民共和国成立后，1955年，东来顺实现了公私合营，党和人民政府对东来顺进行了大力扶持和帮助，东来顺的师傅还被邀请到人民大会堂、国宾馆等地献厨艺。

1994年，在首届全国清真烹饪大赛上，东来顺的冷荤、热菜获得了铜牌，面点、手工切涮羊肉获得了金牌。

2008年，东来顺的涮羊肉手工技艺被列入国家级非物质文化遗产名录。

流　程

涮火锅，必须具备"选肉精、刀工细、调料绝和炊具、食具讲究"这四大优质元素。

东来顺创业之初，就开始了对优质羊肉的选择和培育。经过考察对比，选定了产于内蒙古的大尾巴绵羊。2007年，东来顺在内蒙古乌兰察布设立了肉品加工基地，每年可加工10万只羊，如今占地面积已扩大到100亩，可满足40万只羊的年加工量。一只羊身上能用作涮羊肉的只限于上脑、黄瓜

过去东来顺的切肉师傅

条、磨裆、大三岔、小三岔五个部位，只占净肉的35％至40％。

有了优质羊肉，必须有精致的刀工。东来顺的羊肉历来讲究切出的肉片薄如纸、匀若浆、齐似线、美如花，放在盘中呈半透明状，可见盘上花纹。

有了优质羊肉，有了优质刀工，必须有优质调料。这方面，东来顺的措施一是选用市场上的最优质品，二是收购优质的生产厂家，自己加工。1932年，东来顺买下了"天义酱园"，1940年，又在朝阳门内开设了"永昌顺"酱园，此后又开设了磨面、榨油、副食、干鲜五味调料等店铺，保证了东来顺涮羊肉调料的质量。

在涮羊肉用的器具上，东来顺也很考究。涮羊肉用的铜火锅，均为特制品，锅身高，炭膛大，火力旺。锅中的汤总是能保持沸腾不滴落，使羊肉片入汤即熟。所用碗盘也是专门定做，精美如工艺品。

如今，东来顺博采众长，引进了许多外来品种，如西法大虾、葱烧海参等，形成了爆、烤、炒、涮俱佳，小吃品种齐全的格局。

都一处：京中之最烧麦香

烧麦，在我国各地叫法不同，湖北叫"烧梅"，山西叫"梢梅"，江浙一带叫"烧卖"等。北京烧麦是从山西引进的，取自山西"梢梅"的谐音。都一处烧麦堪称"京中之最"，不仅烧麦好吃，还有很多传统北京小吃和京味菜肴，如炸三角、炒肝、乾隆白菜、干炸丸子等，深受消费者喜爱。

渊 源

早年烧麦都在茶馆出售，茶客饿了总要买点吃的。但茶馆是清雅之所，只能备点清蒸面饼，小菜由茶客自带，最多只能帮着把茶客带来的肉菜卷在饼中热一下，用了几张面皮，就收几张面皮的钱。时间久了，连饼中的菜也捎上了，但仍然按面饼的分量计价，"捎卖"就这样诞生了。因此，正宗烧麦馆子是按皮的重量计价的。

都一处烧麦馆始创于清乾隆三年（1738年），创始人姓王，祖籍山西，"北漂"京师，最早开办的是经营烧饼、炸豆腐、烧酒的小铺，俗名"醉葫芦"，因门口挂一破酒葫芦而得名。

传说，乾隆十七年（1752年）大年三十晚上，乾隆皇帝微服私访回京，想要用餐，京城仅"醉葫芦"一家店铺未关门。乾隆皇帝吃完后觉得这家酒菜美味，就问伙计："你们这个小店叫什么名字呀？"伙计一听，便说："我们这儿没名字。"乾隆说："这个时候还开门营业，京都只有你们这一处了，就叫'都一处'吧"。过了几天，派太监赐匾一副，上书"都一处"三个字。乾隆赐匾后，都一处在京城名声大噪。此后，其经营范围、供应品种也不断扩大和增加。酒类有白干、佛手露、五加皮、茵陈、黄酒、蒸酒等，菜肴由凉碟菜发展到数十种炒菜，面食有炸三角、烧麦、馅饼等。

民国时期，都一处传到了一个叫李德馨的人手里，此人经常克扣店里伙计的工钱，伙计们就想了个办法，炒菜的多往菜里放油，做烧麦的多往陷里放作料，打酒的多给酒，本以为可以早点搞垮店铺，结果

都一处的牌匾

来吃饭的人越来越多。都一处的烧麦清白晶莹，馅香而不腻，前来品尝的顾客越来越多。由于供不应求，店里便暂停了饺子、馅饼等面食的经营，改为专营烧麦，从此都一处的烧麦更加出名了。

1989年，都一处烧麦荣获商业部餐饮类奖项最高奖"金鼎奖"。

1990年，在上海举行的全国烹饪大赛上，都一处烧麦获得第一名。

2000年，获得"中华名小吃"称号。

2008年，都一处烧麦制作技艺被列入国家级非物质遗产名录。

流　程

在数百年的发展过程中，都一处形成了一整套精湛的烧麦制作技艺，共16道工序，主要分为和面、拌馅、揪面、擀皮、包制和上锅蒸等。尤其是擀皮和包制的过程颇有门道，极具技术水平和观赏价值。

烧麦的擀皮，要求擀出的烧麦皮每张都是24个花褶，如同细腰叠裙，青白透明。每个面皮的直径都约10厘米，中间厚度1毫米，包入25克的馅料。烧麦顶头的白霜选用高筋面粉，蒸熟之后面皮清白透亮，顶端泛着白霜，并能保证烧麦的口感，做出的烧麦有弹性，黏而不粘。

都一处烧麦的馅儿原料是与肉联厂定制，前臀尖和后臀尖，肥瘦有严格要求，七分瘦肉，三分肥肉。拌馅儿的水也非普通水，而是用高汤，高汤放凉后，除去表层的油，再按比例搅拌。拌好的馅儿要按照规定温度保存。

包制时，每个烧麦皮、馅重量相等，大小一样，将馅儿置中，连扭成轻拢合包，顶部形成麦穗状的花蕊，一个漂亮的烧麦"脱颖而出"。

都一处烧麦最初以猪肉馅、牛肉馅和三鲜馅为主，随后又根据季节时令的变化，增添了鱼肉、蟹肉、虾肉等海鲜馅的烧麦以及白菜、韭菜、茴香、南瓜和西葫芦等多种素馅相配而制成的四季烧麦。

自20世纪80年代以来，都一处相继开发出山楂烧麦、一品红烧麦、枸杞烧麦等多种滋补类烧麦，还创新工艺，制成彩色烧麦、翡翠烧麦、薄荷烧麦等特色烧麦。同时，为丰富烧麦的口味，还推出了酸、甜、咸、鲜、香、辣等十几个系列30多种烧麦。都一处烧麦品种之多，在全国也是仅此一家。

便宜坊：宜室宜家利人民

北京烤鸭分为两大流派，即以全聚德为代表的挂炉烤鸭和以便宜坊为代表的焖炉烤鸭。便宜坊创立于明朝永乐十四年（1416年）。"便宜坊"字号蕴含了"便利人民，宜室宜家"的经营理念，形成了以焖炉烤鸭为"龙头"，鲁菜为基础的菜品特色。烤鸭外酥里嫩，口味鲜美，享有盛誉。因焖炉烤鸭在烤制过程中不见明火，所以被现代人称为"绿色烤鸭"。

渊 源

焖炉烤制技艺在我国源远流长，远在商代就有了一种叫"坩埚"的器皿，可以说是"焖炉"的雏形。据《东京梦华录》记载，南宋即有了焖炉烤鸭。元代古籍《饮膳正要》也对焖炉烤鸭的制作工艺进行了描述。

便宜坊就是焖炉烤鸭的代表。明朝时期，朱棣即位后，将北平改叫北京，他还颁布了一条免税政策：凡居北京经商者，免5年赋税。政策一出，很多南方商人纷纷来北京发展。这其中，有一位姓王的商人，在宣武门外，即现在的米市胡同落了脚。1416年，他开设小饭店，做的焖炉烤鸭和桶子鸡味道香浓，深受附近居民和修城的工匠们喜爱。这种焖炉烤鸭的技术就代代相传下来。

清代乾隆时期的鸭子摆件。焖炉烤鸭是便宜坊的特色

到了清代乾隆年间，在宣武门外米市胡同，一家鸡鸭作坊开业了，以焖炉烤鸭为主要经营菜。道光年间，老掌柜因病去世，他儿子接替作坊后，一直把生意做得很兴旺。后来经介绍，招收山东荣城的孙子久当学徒，孙子久各种技艺学得快，深得掌柜的喜爱。后来掌柜的家里出了事，就把鸡鸭作坊让给了孙子久。孙子久当上掌柜之后，在提高鸡鸭制品质量上下功夫，在便宜卖货上求发展。他作坊里的产品总是比其他作坊里的好，价钱却又比别人的便宜。日子一长，无论王府还是大宅门，或者是酒楼饭馆，都愿意到孙子久的铺子来买货，并且称他的作坊为"便宜坊"。当时八旗子弟宴请成风，店前经常停满达官显贵们乘坐的大轿，西太后也曾差人把便宜坊的烤鸭送进宫内。据《都门琐记》载："席之必以全鸭（指烤鸭）为主菜，著名为'便宜坊'。"

便宜坊渐渐出了名，且名气越来越大。到了咸丰年间，很多人都想学习便宜坊，做鸡鸭买卖。先是前门大街鲜鱼口出现了一家便宜坊盒子铺，继而又有了崇文门外花市的六和坊鸡鸭店、西单的便宜坊盒子铺、东单的便宜坊鸡鸭店等，一时间北京城里挂便宜坊牌匾的竟有七八家。而经营最好的当数前门大街鲜鱼口的这家便宜坊，其经销的种类全，最突出的是焖炉烤鸭和桶子鸡。

大体上说，从清中叶至民国初期，是老便宜坊的兴旺时期，也是前门大街鲜鱼口便宜坊的创业时期。民国时期，老便宜坊逐渐衰退，而前门大街的便宜坊却日趋繁荣。后来，老便宜坊倒闭，接着其余几家便宜坊也相继关张。最后，全北京城就只留下了前门大街上的两家烤鸭店：一为便宜坊，一为全聚德。中华人民共和国成立后，便宜坊得到了很大发展。

2008年6月，便宜坊焖炉烤鸭技艺被列入国家级非物质文化遗产名录。

流　程

所谓"焖炉"，《营造法式》中解释为：用砖直接在地上起炉，有1立方米左右。砖为特制，可耐火调温。焖烤鸭子之前，先将秫秸等燃料放进炉内点燃，使炉膛升到一定的温度，再将其灭掉，然后将鸭坯放在炉中的铁罩上，关上炉门用暗火烤制。

焖炉烤鸭是凭炉壁的热力和燃气烧烤，在烤的过程中，炉的温度先高后低，温度自然下降，火力温而不烈，因而鸭子受热均匀，油脂水分消耗少，皮和肉不脱离。

烤好的鸭子成品呈枣红色，外皮油亮酥脆，肉质洁白、细嫩，口味鲜美。由于不见明火，所以干净卫生，对环境污染小。

烤鸭七分在烤，三分在片。一只烤鸭应该片多少片呢？108片，还得片片带肉、而且片片有皮，片一只鸭的时间不能超过6分钟。

过去烤鸭子的场景

便宜坊在继承传统烤鸭技术的基础上，创制出了味道独特的"花香酥"系列烤鸭，即莲香酥烤鸭、茶香酥烤鸭、枣香酥烤鸭。

"花香酥"系列烤鸭的研制和开发弥补了北京烤鸭在吃法、口味上单一的不足。便宜坊根据人们追新求异的饮食需求，又推出了"蔬香酥"烤鸭，并申请了国家专利。其特点是酸碱平衡，通过特殊工艺用10种蔬菜将鸭坯脱油、入味，降低了烤鸭的脂肪含量。

南翔小笼：重馅薄皮大改小

南翔小笼原名"南翔大肉馒头""古猗园小笼"，是上海市嘉定区南翔镇的传统名吃，已有100多年的历史。南翔小笼包小巧玲珑，形似宝塔，呈半透明状，素以皮薄、馅多、卤重、味鲜而闻名，是深受国内外顾客欢迎的风味小吃之一。

渊　源

在上海，小笼包被称为"馒头"，产于上海嘉定县（今嘉定区）南翔镇。据考证，南翔小笼包始于清同治十年（1871年），由南翔镇日华轩点心店店主黄明贤所创。他用不发酵的精面粉为皮，馅料采用猪腿精肉由手工剁成，肉馅里还加上肉皮冻。据《嘉定县续志》记载，"……馒头有紧酵、松酵两种。紧酵以清水和面为之，皮薄馅多，南翔制者最著，他处多仿之，号为翔式……"由于面皮以不发酵的方法制作，因此其特色为"皮薄馅多"，故在嘉定出名。后来扩展到嘉定全区及上海豫园老城隍庙等地。旅沪的南翔人邀请黄明贤到上海城隍庙开设南翔馒头店、在西藏路上开设古猗园馒头店，挂名"南翔小笼"，至今盛名不衰。同行老板纷纷效仿，使南翔小笼在上海及全国各地都能见其身影。

光绪二十六年（1900年），南翔小笼的第二代传人吴翔升在上海城隍庙开设南翔小笼馒头店。后因战乱等因素，未见到关于第三代、第四代传人的记载。

南翔小笼包外包装

1958年，古猗园重新恢复经营南翔小笼馒头，第五代传人封荣泉改良制作工艺，使南翔小笼重回普通百姓餐桌。

1997年，李建钢成为第六代传人。2000年，他制定了该技艺的标准和规范。制作标准是：皮8克，馅16克，收口处18个褶子。如今，古猗园餐厅有20多名小笼制作师傅，每人每分钟就能包出6个同一标准尺寸的小笼，平均每天共能包2000多个。

在鲜肉小笼的基础上，李建钢和他的团队先后创新开发出了"榨菜小笼""虾仁小笼""干贝小笼""鲍鱼小笼"，等等，这些品种已经被广大食客所接受和认同。

2012年，南翔镇成立李建钢工作室。2013年，工作室在上海大众工业学校开设学习班，第一届已招收学生50名，成为该项技艺传承人的后备力量。目前，李建钢已经培养出一批技术纯熟的接班人。

2014年8月，南翔小笼制作技艺入选国家级非物质文化遗产名录。

流　程

南翔小笼因其形态小巧，皮薄呈半透明状，以特制的小竹笼蒸熟，故称"小笼包"。

南翔小笼采取"重馅薄皮，以大改小"的方法，选用精白面粉擀成薄皮；又以精肉为馅，不用味精，用鸡汤煮肉皮取冻拌入，又取其鲜；撒入少量研细的芝麻，以取其香；还根据不同节令取蟹粉或春竹、虾仁和入肉馅。一两面粉可制作十个包子，形如荸荠，呈半透明状，小巧玲珑；出笼时任意取一个放在小碟内，戳破皮子，汁满一碟为佳品。

仿膳宫廷菜：用料考究做工精

北京的宫廷菜，源于元代而盛于清代。中国第一家经营清宫御膳宫廷菜的是仿膳饭庄。1925年，曾在御膳房菜库当差的赵仁斋邀请了几位曾经的御厨，在北海公园开办了茶庄，店名为"仿膳"。除卖些茶水，还经营清宫传统糕点。清代宫廷御膳房的著名菜点及其烹饪技术，被完好地保存并流传下来。如今的仿膳，已经成为一座保存清宫名菜的宝库。

渊　源

1925年，北京北海公园正式开放，原在清宫御膳房当御厨的赵仁斋、孙绍然、王玉山、赵承寿等人，在北海北岸开设茶社，取名"仿膳"，专门仿照御膳房的制作方法，经营风味菜肴及面点小吃。仿膳经营的主要菜点品种有抓炒鱼片、抓炒里脊、豌豆黄、芸豆卷、小窝头、肉末烧饼等。这些品种保持了"御膳"特色，深受食客欢迎。

1955年，仿膳茶社由私营改为国营，更名为"仿膳饭庄"。1956年8月，仿膳又聘请曾在清宫御膳房当差的老厨师，请他们带徒弟，传授烹调技术，充实了技术力量。这些原清宫老厨师中，有被慈禧封为"抓炒王"的王玉山。他的四大抓（"抓炒鱼片""抓炒里脊""抓炒腰花""抓炒虾"）在宫中是很有名气的。

1959年，仿膳由公园北岸迁至琼岛漪澜堂、道宁斋等一组乾隆年间兴建的古建筑群中。1966年至1977年，北海公园停止开放，仿膳也即停止营业。1978年，北海公园重新开放，仿膳恢复对外营业。

流　程

仿膳饭庄有宫廷菜肴约800种，其中凤尾鱼翅、金蟾玉鲍、一品官燕、油攒大虾、宫门献鱼、溜鸡脯等最有特色；名点有豌豆黄、芸豆卷、小窝头、肉末烧饼等。

仿膳最著名的菜肴当属"满汉全席"。北京仿膳饭庄宫廷菜第三代传人、国宝级烹饪大师董世国就会做。董世国继承了宫廷菜的烹调技艺，并博采众长、融会创新，代表菜品有一品豆腐、四大抓、四大酱、溜鸡脯、扒燕脯、海红鱼翅等。

满汉全席选用山八珍、海八珍、禽八珍、草八珍等名贵原材料，采用满族的烧烤与汉族的炖、焖、煮等技法，可谓汇南北风味之精粹，丰富多彩，蔚为大观。完整的满汉全席有134道热菜、48道冷荤及各种点心、果品，分四至六餐食完。为满足不同客人的需要，饭庄又推出满汉全席精选餐式，客人食一餐便可领略满汉全席之精美。

仿膳饭庄在几十年的经营中，坚持按传统质量标准做菜点，如肉末烧饼、豌豆黄、芸豆卷等，一直坚持手工操作，保持了传统特色与口味。

小窝头，是玉米面用细箩筛过，加白糖、桂花精制，做成栗子大小，并不是用栗子面做的。

肉末烧饼，用炭火细烤，外酥里软，肉末炒得香甜可口，吃的时候将烧饼切开，把里面的瓤掏出，夹入肉末。

1981年的北海仿膳饭庄菜单

砂锅居：烧燎白煮有特色

砂锅居饭庄开业于清乾隆年间，自开业始，直到民国年间，一直是半日营业，到中午12时，就摘幌子、卷门帘，停止营业，这也算京城饭庄中的一怪，故京都流传有歇后语"砂锅居买卖——过午不候"。究其原因，是它的"货"做不出来。不过，这一罕见的经营方式，也起到了广告的作用。

渊 源

砂锅居与北京民间的祭祀活动有关。北京民间，旧时有"祭天还愿"的习俗。1644年，满族人入关后，清朝宫廷、王府也有"朝祭""夕祭""日祭"的制度。这些祭品多用猪肉。祭祖过后，剩余的猪肉一般赏给下人、仆人或者更夫食用，有的更夫便拿猪肉到府外换钱。慢慢地，演变出卖"白肉"的小馆。

清道光年间，东四牌楼有一家"白肉馆"叫"和顺馆"，与曾在御膳房工作过的厨师合作，开店经营起砂锅煮白肉，这便是砂锅居的前身。

到清嘉庆年间，砂锅居已成为北京著名的餐馆之一，为保证质量，用砂锅把头天晚上宰杀的百十斤重的猪拾掇干净，连夜煮、火靠，次日一早正好熟透，8点开门，一上午准卖光。因而"西城缸瓦市有白肉馆，日以一飨客，不涉它味，逾午则闭门矣。"有人写了一首诗："缸瓦

清朝时期家庭祭祀的场景

市中吃白肉，日头才出已云迟"，充分说明了砂锅居当时买卖兴隆的情景。

抗日战争时期，日本人和汉奸常在此吃喝请客，店主慑于日伪淫威，不得不改变多年的经营习惯，实行全天营业。

1952年，砂锅居为适应大众口味，增添了用小砂锅炖煮的砂锅白肉、砂锅鸡块、砂锅丸子、砂锅豆腐和什锦砂锅等砂锅菜，受到顾客欢迎。

流　程

除了烤鸭、涮肉，最有北京特色的就属砂锅居的"烧燎白煮"了。所谓"烧燎白煮"说的其实都是猪肉，烧燎说的是烧碟，白煮说的是砂锅，是这家老字号最具风味的特色。

1. "烧"，实则为炸

将煮制后的原料再用油炸制成菜肴。如凤眼肝、炸鹿尾、炸肥肠、芝麻丸子等都是其名菜，炸成后，蘸以椒盐食之，外焦里嫩，香脆可口。

2. "燎"

将带皮的五花肉、肘、蹄、头等，用旺而不烈的火来回翻烤，待皮上起一层小泡后，经温水浸泡，刮去煳皮，放入清水砂锅中煮熟。菜品具有浓郁的煳香味，外皮金黄，肉质白嫩，蘸上配好的调料食用，滋味绝佳。

3. "白煮"

将刮洗干净、去异味、去污沫后的猪肉、内脏放入砂锅内，一次放足清水，旺火烧开，微火慢煮，使之汤味入肉，肉质酥嫩香烂，蘸着用酱油、蒜泥、韭菜

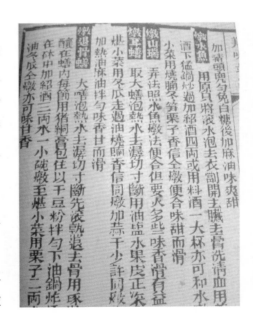

清代的老菜谱

花、辣椒油、豆腐乳、香油等调好的味汁食之，美味无穷。

砂锅居饭庄经营的风味菜肴，以猪肉为原料，一头猪，从皮到肉，从头至尾，乃至心、肝、肺、肚、肠等，可烹制出数十种菜品，如砂锅三白（砂锅白肉、砂锅白肠、砂锅白肚）、筒子肉，糊肘、芝麻丸子、凤眼肝、炸肥肠、炸鹿尾等。

烤肉季：老嫩焦煳甜咸辣

烤肉季最早是什刹海银锭桥畔的一家"烤肉摊"，经过上百年发展，成为北京人皆知的北京名吃。烤肉季得以盛誉百余年而不衰，其原因一是选料精，二是烹饪工艺严谨，三是烹法独特。其中，烤羊肉和芝麻烧饼被认定为"中华名菜""中华名小吃"，烤肉和清真炒菜享誉中外。

渊　源

烤肉源于北方游牧民族，原始的烤肉是游牧民用猎刀切肉，再用马粪烤熟。到公元6世纪，烤肉的方法有了改进并有了文字记载，北魏贾思勰《齐民要术》中提到的"腩炙"，据考证就是当时的烤肉，其方法即将肉切成小方块，用葱白和盐豉汁腌渍片刻，再上火烤制。至明代，皇宫内"每遇雪，则暖室赏梅，吃炙羊肉"。明末清初，烤肉传到民间。

清道光二十八年（1848年），北京通州的回民季德彩，在什刹海边的荷花市场摆摊卖烤羊肉，烤肉摊原名"潞泉居"，由于店主姓季，经营

民国时期内蒙古草原上放牧的场景

烤羊肉，因而人们俗称"烤肉季"。

店主季德彩去世后，由其子季宗斌继业，再后又由其孙季增元接班。1927年季增元病逝，由21岁的胞弟季阁臣负责。季阁臣接摊后，将烤肉店由摊商变成了坐商，立字号为"烤肉季"。

1945年8月，季阁臣为求店铺更大的发展，筹借资金，在银锭桥畔买下了一座楼房，继续经营烤肉。

随着时代变迁，烤肉季不断发展，除传统烤羊肉外，还增添了鸡、鸭、鱼、海鲜等各种美味烧烤。它的名列"中华小吃"之榜首的芝麻烧饼，更是佐餐佳品。

2006年，烤肉季的烤羊肉制作技艺与烤肉宛的烤牛肉制作技艺被认定为北京市非物质文化遗产。

2008年，烤肉季的烤肉技艺入选国家级非物质文化遗产名录。

流　程

烤肉季以经营烤羊肉为主，其用肉多选内蒙古乌兰察布的绵羊，重量不超过50斤，而且主要用羊的上脑和后腿部位的肉。在加工过程中，刀工非常精细，要把筋膜、碎骨、肉枣等全部剔尽，然后用箅帘布包好压冻4小时以上。这时的肉十分鲜嫩，有"赛豆腐"之称。切出的肉片要求宽2至3厘米、长7至10厘米，要薄厚均匀，1斤选好的肉要求切出76至78刀，达到半透明状的标准。

烤肉的吃法也颇为讲究。肉要用铁炙子烤着吃。在一张大圆桌上放一口板沿大铁锅，锅沿放一铁圈，上边架上铁条炙子；铁圈上留几个火口，随时添加木柴。木柴一般选用松塔、松柴或柏木，松烟和肉味混在一起，吃起来别有味道。

过去，吃烤肉还分文吃、武吃。文吃比较斯文，是指由后厨房厨师烤好后由服务员送到餐桌上，然后在餐桌上食用。武吃，说的是自烤而食的架势和吃法，自己取料、掌握火候。

烤肉季除主营北京烤肉，特色菜还有炸烹大虾、鸡米海参、玉竹蹄黄等。

南来顺：闻名京城爆烤涮

南来顺饭庄开创于1937年，是京城著名的老字号，曾以爆、烤、涮羊肉以及爆肚闻名于京城。南来顺小吃店经营的小吃，在制作上保留了传统技法和民族特点，风味独特，形味俱佳，在同行中享有名望。豌豆黄、一品烧饼、蜜麻花、馓子麻花、艾窝窝、豆腐脑等颇具名声。

渊　源

北京清真饭馆有"老三顺"：东城东来顺，以经营传统涮羊肉见长；西城西来顺，以选料讲究、加工精细的清真烤鸭名扬四方；而南城南来顺，小吃荟萃，品种齐全，价廉物美，深得百姓喜欢。

南来顺创建于1937年，掌柜石昆生本是卖爆肚的，人称"爆肚石"。他最初在天桥公平市场开了家小饭店，起名"南来顺"，开始只有三间门脸房、十来个人，出售十几样小吃和家常菜肴。这些小吃口味独特，制作方法不传外人，渐渐创出了牌子。

南来顺饭庄是京城清真饮食文化的典型代表，其清真炒菜技法纯熟，造诣深厚。近百种风味小吃，蒸、炸、烙、粘、煮，地道纯正，

过去的南来顺饭馆

誉满京城。

由于社会动荡，京城小吃式渐衰微。1961年，政府决心重振北京小吃，在菜市口修建饭店并启用"南来顺"名号。开业后，南来顺除恢复不少传统食品，还挖掘整理出200余个小吃品种。

南来顺菜点注重推陈出新。1999年，"八方食圣"金厨帽擂台赛上，南来顺厨师长周志来成为五连冠"金厨帽"获得者。他改进了许多传统清真菜，比如，炒麻豆腐原来用羊尾油，膻腥味较重，他改用素油，在首届清真烹饪大赛上获得"名牌风味"奖。

2017年6月，南来顺饭庄举办了中国京菜北京小吃节，目的是提升北京小吃知名度和美誉度，促进"北京小吃"品牌不断发展。

流　程

南来顺的小吃可谓"群英荟萃"，无论是油条、烧饼、豌豆黄、面茶、焦圈儿、驴打滚，还是姜丝排叉、散丹、麻花、艾窝窝，或炸羊尾、炒麻豆腐、涮羊肉，都能让客人品尝出老北京的味道。比如，"它似蜜"，据说是乾隆皇帝出征西域时按西域风俗烹制的，亲自命名。还有"糖卷果"，将营养和保健融为一体，是南来顺的名牌小吃。

南来顺热菜里面，爆糊最有名。原料包括羊后腿肉、空心饼、大葱末、姜末、蒜末、香菜梗和酱油。

制作时，将羊后腿肉洗净，顶刀切成肉片待用；锅入油烧热，下羊肉片煸香，加姜末、蒜末、酱油旺火爆炒，入葱末煸炒，转小火至羊肉片至似煳非煳，加香菜梗、蒜末，出锅，配空心饼，装盘即可。

全素斋：宫廷素菜扬京城

在北京王府井大街有一家专营素菜的店铺——全素斋。全素斋顾名思义是以素菜闻名的老字号，已经有100多年的历史。全素斋素菜荤做，出售的素菜品种繁多，味道鲜美，色、香、味、形俱全，不仅誉满京城，而且名扬海外。

渊　源

全素斋的创始人是刘海泉。刘海泉14岁进清宫御膳房当差。因为慈禧喜欢吃素食，使素菜在御膳中有了些地位，刘海泉也在御膳房中学得一手制作素菜的好手艺。

1902年，刘海泉辞去皇差，做起自制炸食、小菜出售的小本生意。1904年在东安市场租了几平方米的小地方，摆摊出售素菜，既有平价菜品，也有较贵的菜品和供定做的高档素席。这个素菜摊原本无名，顾客随口称它为"全素刘"，久而久之便叫出了名。后来，刘海泉用蓝布做了块幌子写上了"全素刘"3个字。

1936年，刘海泉请人写了一块长方形横匾，中间是"全素刘"3个大字，两侧是"四远驰名""只此一家"8个小字。1953年，"全素刘"改名"全素斋"，买卖很是兴旺。

中华人民共和国成立后，党和政府十分重视全素斋的菜品。1954年10月，印度总理尼赫鲁访华时，周恩来总理在人民大会堂设100桌豪华素宴接待尼赫鲁访华团，请的是"全素刘"的创始人刘海泉先生主厨。

1956年公私合营后，全素斋迁移到王府井大街，还在东直门内北小街建起了800平方米的生产车间。

1984年以前，全素斋一直都是前店后厂。后来，搬到王府井天元利生体育商厦旁边。为了扩大经营，使远离王府井大街的人也能吃上美味的素菜，全素斋除在城区设专柜，还在通州区、石景山区设了素菜专柜。

目前，全素斋已发展成北京市东城区重点企业，拥有专业化的加工厂。

流　程

全素斋种类繁多的素菜都是以面粉、面筋、豆制品为原料，以口蘑、玉兰片、植物油为辅料，以食盐、食糖、酱油、味精为作料制成。过去还继承了寺庙庭观16个素菜的全素席，这16个菜是：

四压桌：素酱肉，素香肠，素小肚，素鸭肝。

素大碗：素丸子，素狮子头，素肉条，素面筋。

素大盘：素烧羊肉，素腊肠，素炸虾，素香椿鱼。

四大作：素鸡，素鸭，素鱼，素肘子。

全素斋的素菜在选料、配方和操作上，都严格按原来御膳房的程式办事。在过去，主料都由固定的作坊供应，如油皮由顺义一郝姓经营的作坊供应，疙炸由通县（今通州区）一刘姓经营的作坊和朝外吉市口一陈姓经营的作坊供应。用料也极为考究，如香菇，肉厚、色好的用于做香菇面筋，小的或碎的用以配菜或做馅。胡萝卜、藕、笋、香菜等鲜菜选好后，必放在窖内保鲜，随用随取。素菜除烹调技术要过硬，还要造型好，既然以鸡、鸭、鱼、肘、肚、火腿、肠等荤菜命名，就需做成这些荤菜的形状。

全素斋的素菜分卤菜、卷货、炸货三大类，它既有北菜下料多的重口味，又有南菜鲜甜的口味，形成自己的独特风格。

月盛斋：不腥不膻香味纯

月盛斋创立于乾隆四十年（1775年），以制作五香酱羊肉和烧羊肉著称。由于选料认真，制作精细，五香酱羊肉和烧羊肉肥而不腻，瘦而不柴，不腥不膻，香味纯正，远近闻名。

渊　源

月盛斋的创始人是一个叫马庆瑞的回民，故称"月盛斋马家老铺"。马庆瑞祖居北京牛街，家境贫苦，成年后曾到皇宫内当差役。在礼部衙门有机会接触到御膳房厨师，学到了一些制作羊肉的手艺。此后，便在家中学着酱制羊肉，到前门城楼下摆摊叫卖。因货真价实，又有人知道他在礼部御膳房干过差使，学过手艺，故买卖很好。

马庆瑞不断琢磨酱羊肉的方法，在配料和火候上掌握了一些技巧。首先要选西口大白羊。因当时这种羊不好买，因而月盛斋后院就养起了羊以备用。其次调料要精细。月盛斋酱羊肉以丁香、砂仁、桂皮、大料等为主料，外加酱和盐调味。再者，掌握火候是很关键的一环。制作羊肉的季节是从秋天到春天，旺季主要在冬三月。

后来，马庆瑞几经选择，在前门户部街路东，开设了"月盛斋马家老铺"，专门卖酱羊肉。为方便外地顾客品尝，又能发挥宣传作用，故制作了白铁长方扁匣，用油漆写上"京师月盛斋马家老铺五香酱羊肉"及"精工细作、四远驰名、前门内户部街路东"等字样。由此生意更加兴隆，产品行销全国，并且受到王宫贵族的青睐。

据《旧都文物略》记载："月盛斋以售酱羊肉出名，能装匣远赍，经月而味不变。铺在户部街，左右皆官署崇楼碍目，此斋竟独立于中，巍然不移。"由此可见，月盛斋的酱羊肉生意极好。

清《京师坊巷志》中，有"户部门羊肉肆，五香酱羊肉名天下"的记载，指的就是月盛斋。道光年间曾有人写诗加以赞美："喂羊肥嫩数京中，采用清汤色煮红，日午烧来焦且烂，喜无膻味腻喉咙。"民国初年，《道咸以来朝野杂记》中也写道："正阳门内户部街路东月盛斋所制五香酱牛羊肉，为北平第一，外埠所销甚广。"

清代刻本《京城坊巷志》

马家子承父业、代代相传，到了清末，月盛斋已经是百年老店。

1951年，在各级政府的关怀下，前门建立了"月盛斋"门店和相应的生产车间。1956年月盛斋公私合营。

1981年至1984年，月盛斋的烧羊肉、五香酱牛肉、五香酱羊肉先后获得北京市和商业部"优质产品"称号。

1991年，北京市清真食品公司成立，月盛斋熟肉制品加工厂从此诞生。

现今的北京月盛斋清真食品有限公司隶属于北京二商集团，成立于2003年，是商务部认定的"中华老字号"企业，也是北京市目前一家专营清真肉食品的国有控股企业。所拥有的"月盛斋"商标，自2003年至今均被认定为北京市著名商标。

月盛斋酱烧牛羊肉制作技艺，于2007年和2008年分别入选北京市市级非物质文化遗产名录。

2019年，月盛斋酱烧牛羊肉制作技艺第六代传人满运来向第七代传人马强、李广瑞赠送配方，代表着这项悠久食品技艺的又一次薪火传承。

流　程

月盛斋加工技艺世称"三精""三绝"，即"选料精良，绝不省事；配方精致，绝不省钱；制作精细，绝不省工"。在火候的控制与运用上，讲究的是"三味"，也就是旺火煮去味、文火煨进味、兑"老汤"增味。

烧牛羊肉制作技艺世称"三俱"——选料肥瘦俱备、配方色味俱佳、制作酱烧俱全。

月盛斋有代表性的"两烧""两酱"——烧羊肉、烧牛肉，酱羊肉、酱牛肉，有"月新食精湛，盛世品一绝"之说。

月盛斋酱羊肉，选用内蒙古产的上等羊，宰杀也很讲究，并且严禁与其他肉一起存放、运输和买卖；取肉则取前腿腱子、胸口、腰窝、脖、颈等处的鲜嫩肉料，洗净后剔除筋腹，看肉下刀切块；制汤时，锅内放入清水，把黄酱倒入调开，用旺火烧开，加入葱段、鲜姜片、精盐、冰糖稍煮一会儿，用纱布过滤，去渣待用；码肉要按部位将羊肉顺序码入锅内，使老肉在下，嫩肉在上面；到了炖肉这一步，锅内倒入酱汤，用大火烧开，将药料和香料分别装于布口袋中，扎紧袋口，放入锅中。开锅后煮一小时，再加入陈年老汤，盖上锅盖，焖煮六至七小时。揭开锅盖，将肉分层捞出，用锅中原汤冲去肉上葱、姜，即为成品。如需存放一两天，则把肉一块块捞出后，将浮油刷在肉上，当油凝固后可起到自然密封的作用。

如今，月盛斋经营五香酱牛肉、酱羊肉、烧牛肉、烧羊肉等独具特色的传统产品及多味牛肉粒、香叶牛腱、五香酱鸡、清香鸵鸟肉、白水羊蹄等清真风味产品，还有新开发的清香牛肉、牛肉肠、鸡肉肠、双味肠、牛肉三文治、鸡肉三文治等阿拉伯风味的西式产品等近百个品种。

⌇⌇ 大顺斋：酥绵松软糖火烧

老北京俗称，通县（今通州）有三宝：小楼饭馆的烧鲇鱼，万通酱园的酱豆腐，大顺斋的糖火烧。坐落在京杭大运河源头的通县东魏庄，以经营糖火烧、清真糕点享誉京城。大顺斋糖火烧坚持精选原料、精工细作，制成的糖火烧酥松绵软、味道香甜、食而不腻。大顺斋的糖火烧还有一个特点：夏不易霉，冬不易干，一般可经月不坏。

渊 源

在明朝崇祯末年（约1637年），大顺斋的创始人刘大顺（回族）由南京随运粮船来北方，落脚通州谋生。他先是提篮、挑担走街串巷、沿街叫卖糖火烧、油炸果子；后来有了一些积蓄，开设小卖店，取名"大顺斋"，一来表示刘家字号，二求买卖顺利。老婆掌柜，他和儿子制作。大顺斋的主顾多为中下层回民，价廉成为它的又一特点。大顺斋长于经营，它以九折价把糕点批发给小贩到车站叫卖，使糕点销往京津两市。还在周围村子里设代销站，允许赊账。

清末，在刘大顺的第六代孙刘九爸的苦心经营下，大顺斋进入鼎盛期，先后设立四个分号。设在通县的大来号，专管供应油、面等原料。设在北京城内的大生号、大新号、大兴号则出售糖火烧，兼营油盐酱醋。

1900年，八国联军入侵北京，大顺斋店铺被烧，后来进行了重建，但生意便愈发难以维持。

民国元年（1912年），通州大顺斋在战乱中被焚毁。虽于当年重建，但已元气大伤。此后，兵灾匪患迭起，民不聊生，企业日渐衰落。到中华人民共和国成立前夕，难以维持。

过去北京通县（今通州）的燃灯塔

1955年，大顺斋进行了公私合营。1960年，印度总理尼赫鲁来华访问，点名要吃大顺斋的糖火烧，次日还派人取走10余斤。

1988年3月，大顺斋糕点厂被授予"北京市优秀食品老字号"荣誉称号。

1990年，第十一届亚运会期间，大顺斋被指定为大会专用糕点生产厂家。

1995年，大顺斋牌桂花糖火烧、南味豆糕、奶油五字饼产品又被中国食品工业协会、中国伊斯兰协会评定为"中国优质清真食品"。

1993年，中华人民共和国国内贸易部认证大顺斋为"中华老字号"。

如今，大顺斋在北京设有30多处糕点专柜，生产品种已达165种，传统风味产品有15种。其中，糖火烧、枣泥酥皮、核桃薄脆、枣泥自来红、枣泥油酥等5个品种，被评为"市级优质产品"。

流　程

大顺斋主要生产传统风味的中西式糕点，尤以桂花糖火烧闻名。

大顺斋的糖火烧在选料制作上相当讲究，坚持精选原料、精工细作、讲究卫生、重视质量。

精选原料包括：面粉用自家精磨的细白粉，香油用本地产的小磨油，桂花来自江南，红糖用宝岛台湾或者广西招州的，麻酱则是用经过筛选的白芝麻细研而成。

大顺斋糖火烧的原料配比与众不同。普通火烧以面粉为主，其他配料为辅。而大顺斋的糖火烧，面粉只占25%；芝麻酱、红糖、桂花、香油搅拌后，统称"调和"，约占75%。

制作时，把过筛的红糖和麻酱、桂花、香油等调匀，再加适量的面和碱，摊在擀薄的面皮上，经反复卷起，拉长，最后再分剂，团成饼坯，入炉烘烤，做成的糖火烧呈深棕色，质地松软，散发着浓郁的麻酱、红糖和桂花香气。

馄饨侯：香而嫩滑薄弹牙

北京馄饨侯的历史可追溯至20世纪初，馄饨的特点是皮薄、馅细、汤好、作料全。馄饨侯的馄饨均为手工现场制作。煮馄饨的汤是用猪的大棒骨煮的，作料讲究一个"全"字，有紫菜、香菜、冬菜、虾皮、蛋皮等，深受食客的喜爱。

渊 源

馄饨是老北京常见的小吃，四川人叫"龙抄手"，广东人叫"云吞"。宋代的陈元靓在《岁时广记》中记载："京师人家，冬至多食馄饨，故有'冬馄饨''年馄饨'之说。"徐珂的《清稗类钞》中也记载："馄饨，点心也，汉代已有之。"

北京人吃的馄饨分南派和北派，南方人做出的馄饨是元宝形状，北方人做的多为手推式，所以，北方人一般不说"包馄饨"，而说"推馄饨"。

在20世纪50年代初，王府井老东安市场附近有七八家馄饨摊，当然这些摊儿都是各干各的。1956年搞公私合营，东华门的3个摊，菜厂、梯子、大纱帽、柏树这4条胡同口儿上的7个摊儿凑到一块儿，成立了一个合作组。

当时的组长叫侯庭杰，他的摊儿在东华门大街。侯庭杰40多岁，精明能干，到了1959年，这7个馄饨摊儿的摊主觉得老到外头摆摊并非长久之计，决定合伙开个门脸儿。他们选中了八面槽路北的一个铺面房，此处原本是德胜祥烧饼铺，7个人合到一起仍然卖馄饨。起字号的时候，因为侯庭杰是组长，他们就把字号叫"馄饨侯"。

流　程

首先用料从源头把关。先说馄饨皮，用的是富强粉，馄饨皮薄如蝉翼，将馄饨皮放在报纸上能清晰地显现出字迹来。

其次，馄饨馅是馄饨的灵魂，肉、葱、姜等调料按一定比例调制，肉必须用前臀肩，七分瘦三分肥，要把馅经过无数次的搅动，直到馅十分均匀才行。因为皮薄，馅的颜色从外面很容易看出。

再次，"馄饨侯"的汤更是一绝，要花费6个小时的时间熬成，不光有猪棒骨，还要放上两只鸡。汤口讲究味浓不油腻，由于棒骨汤含有钙质，受到许多老人的青睐。

最后，"馄饨侯"的作料讲个"全"字，有紫菜、香菜、冬菜、虾皮、蛋皮丝儿等。

"馄饨侯"煮馄饨和过去也大不一样，以前是将一簸箕包好的馄饨往大锅里一倒，煮好后，连馄饨带汤往碗里一倒，就算齐了。现在用特制小篓（一篓10个）单煮，且分菜肉、虾肉、鲜肉、红油和酸汤若干种口味儿。

德州扒鸡：小火慢焖色金黄

德州扒鸡是山东著名的风味小吃之一，又名德州五香脱骨扒鸡，距今已有300多年历史。德州扒鸡用料讲究，外形优美，色泽金黄，微透红色，鸡皮完整，腿、翅齐全，热时一抖肉即脱骨，凉后轻提即骨肉分离，软骨香酥如粉，肌肉食之如面。德州扒鸡的传统制作工艺现已成为山东省的传统手工技艺文化遗产之一。

渊　源

德州城，春秋时代曾是有鬲氏之国，距今已4000年。秦始皇设县治，立德州也有2200年的历史了。

元末明初，随着京杭大运河漕运繁忙和陆路古道的兴旺，德州城成为京都通达9省的御路，经济呈现繁荣，市面上也出现了烧鸡。臂挎提篮走街串巷叫卖烧鸡的很多，比较有名的是人们称为"徐烧鸡"的徐恩荣家，还有西方庵的张家等。

到了清朝，德州城虽不如以前繁华了，但烧鸡的制作技艺却传了下来，而且有了新的发展。康熙三十一年（1692年），制作烧鸡的贾健才，将烧鸡煮过了火，没想到拿到门脸儿上一摆，香味四溢，引来了过路行人，客人买了一尝，啧啧称赞：不只是肉烂味香，就连骨头一嚼也是又酥又香，真可谓穿香透骨。一锅鸡很快就卖完了，贾健才感觉这是个商机，一琢磨，又改进了工艺，这就出现了扒鸡的原始做法，即大火煮，小火焖，延长时间。贾家煮鸡有名了就请邻街的马老秀才给鸡起个名，老秀才尝了尝，赞美说："好一个五香脱骨扒鸡呀！"

1693年，贾健才把扒鸡提到元宵灯会上去卖，销路大开，名声大振。从此，德州城出现了烧鸡、扒鸡同产同销的火爆局面，并延续了若干年。

德州扒鸡老宣传画

贾家的烧、扒技艺不仅在德州城内，就是周边州、府、县、镇也有了名，制作方法也随之传到了外省各地。

20世纪，随着津浦铁路和石德铁路的全线通车，德州扒鸡经营进入了兴盛时期。这个时期的扒鸡传人，主要代表人物是"宝兰斋"

扒鸡铺的侯宝庆和"德顺斋"扒鸡铺的韩世功，以及张、崔、端木五家（均为德州本城人）。

中华人民共和国成立初期，扒鸡行业走上了合作化道路，开始由26名扒鸡传人组成了德州扒鸡联营社，后又建起（火车）站内小卖部，在火车站站台上专门向旅客供应扒鸡。

20世纪50年代初，德州市成立了国营食品扒鸡公司，集中经营扒鸡。

1990年7月，"永盛斋"商标正式注册，逐步发展为现代企业。

流　程

德州扒鸡的制作流程为：

1. 选料

选用经过卫生检验合格的鲜活无病之鸡，其中以中秋节后的鸡为佳，此时的鸡体重大多在1千克以上，肉质肥嫩、味道鲜美，是加工扒鸡的理想食材。

2. 宰杀

用利刃将活鸡宰杀，放净鸡血后入65℃左右的热水中浸烫，褪尽全身羽毛及腿爪等处的老皮。

3. 去内脏、整形

在鸡臀部开口，取出内脏后冲洗干净，将鸡的左翅自脖下刀口插入，使翅尖由嘴内侧伸出，别在鸡背上；将鸡的右翅也别在鸡背上。再把腿骨用刀背轻轻砸断并交叉，将两爪塞入鸡腹内，晾干水分。

4. 涂色、过油

将盘好的鸡身涂抹上一层糖色，再逐个入热油中炸，炸至鸡身呈金黄色即可。

5. 焖煮

将炸过的鸡顺序放入锅内排好（锅底放一铁箅，防止煳锅），加上配好的调料，倒上老汤，上面压上铁箅，烧沸后改小火慢慢焖煮。煮制过程中，随着鸡肉变熟体积变小，上面的铁箅也不断下沉，锅表面会出现一层浓油，由于油层封锅，鸡肉易熟烂，滋味不散失，成品味道极佳。

6. 出锅

因扒鸡焖煮的时间较长，容易破皮掉头，出锅时要减小火力，使锅内保持冒气而不泛泡的状态。捞取的动作要轻，钩子、漏勺要拿稳、端平，看准下钩位置，钩子要正好钩住鸡的头部，徐徐上提，再用漏勺适时接扣，方能保持鸡体完整。

周村烧饼：一嚼即碎香满口

周村烧饼以小麦粉、白砂糖、芝麻仁为原料，以传统工艺精工制作而成，其外形圆而色黄，正面粘满芝麻仁，薄似杨叶，酥脆异常。若失手落地，则会成碎片，故俗称"瓜拉叶子烧饼"。周村烧饼为纯手工制品，有酥、香、薄、脆四大特点，还具有不油污、耐久藏、易携带等特点，富有营养，老少皆宜。

渊　源

周村烧饼历史悠久，至今已有1800多年的历史。据考证，其前身乃为"胡饼"（芝麻烧饼），《资治通鉴》记载，汉桓帝延熹三年（公元160年）就有贩卖胡饼（即芝麻烧饼）者流落北海（今山东境内）。

据史料记载，明朝中叶，周村商贾云集，多种小吃应时而生，用以胡饼上贴烘烤的"胡饼炉"此时传入周村，当地饮食店户的师傅结合焦饼薄、香、脆的特点，加以改进，创造出脍炙人口的大酥烧饼，此即当今周村烧饼的雏形。

清末光绪六年（1880年），周村"聚合斋"烧饼老店潜心研究烧饼制作工艺，几经改进，使周村烧饼以全新的面目、独特的风味面世。清皇室曾屡次征购"聚合斋"烧饼为贡品。1880年后，"聚合斋"烧饼老店，首先启用纸包装，沿袭至今。

1979年，大酥烧饼以"周村"作为商标进行注册，正式定名为"周村牌"周村烧饼。

1983年，周村烧饼被商业部、山东省命名为优质名特产。

2001年，周村烧饼被评为"山东省著名商标"。

2008年，周村烧饼入选国家级非物质文化遗产保护名录。

流　程

周村烧饼用料简单，只需用面粉、芝麻仁、食糖或食盐即可。但其加工有独特要求，核心又在于一个"烤"字。烤主要在看"火候"的功夫上，周村烧饼专卖店，所谓"三分案子七分火"，即是说除非名将高手，否则烧饼的质量难保上乘。

2018年，周村烧饼有限公司董事长张兆海总结周村烧饼制作技艺——"一看就会，一干就砸"，若想做出品相精美的烧饼，则非下三年苦工不可。

烧饼的制作步骤为：

先用水和面进行生发，然后分成指肚般大小的剂子，在案板上进行揉炼加工，增加韧性和延伸性。再将球状剂子放在延盘内，用手蘸水延展成浑圆而薄的生饼。

经过水涝、去皮、炒熟的芝麻，放入木制晃盘内，双手端平，前后震晃，使芝麻均匀

过去的周村烧饼包装纸

地排列在盘内。随即双手轻夹生饼，到晃盘中沾芝麻，然后贴在烘烤炉的鏊子上，几分钟内即可烤成。

现在，市面出售的周村烧饼，1斤面粉可制作60个，每个直径约13厘米，上面约有2000粒芝麻。

桂发祥：麻花金黄酥脆香

桂发祥十八街麻花是秉承传统工艺的百年老字号麻花老店，与天津狗不理包子、耳朵眼炸糕并称"天津三绝"，并位列其首。十八街麻花选料考究，工艺精良，色泽金黄，酥脆香甜，风味醇厚，在国内外都享有盛名。在干燥通风处放置数月不走味儿、不绵软、不变质。

渊　源

春秋战国时期，各个民族的互相融合，在饮食文化上逐渐形成了南北两大风味。在北方，形成了中国最早的地方风味菜——鲁菜的雏形。在南方，楚人统一了东南半壁江山，占有今天的"鱼米之乡"，逐渐形成了今天苏菜的雏形。在《楚辞》的"大招"和"招魂"篇里分别呈现了两桌异常丰盛的菜单，有八宝饭、煨牛腱子肉、清炖甲鱼、烤鸡、羊汤、炸麻花、烧鹌鹑、炖狗肉等，可见当时已经有了炸麻花。

到了宋、辽、金时期，金人在婚庆典礼中，都以摆上茶食为正规。而所谓茶食，即炸麻花之类的大软脂、小软脂的食物，由此可见，当时，炸

桂发祥商标

麻花已经很普及了。

油炸麻花是天津人喜爱的一种大众小吃，七八十年前，当时全市有不少卖炸麻花的店铺和摊档，厂家、店家，大大小小不计其数，而最著名的是桂发祥，其次便是河北区王记剪子股麻花，因其麻花形状像一把剪子而得名。

桂发祥大麻花的创始人是河北大城县人范桂林。1924年，年仅9岁的范桂林与11岁的二哥范桂才，由母亲带着逃荒，一路要饭来到天津，借住在南楼村，谋求生计。

1928年，13岁的范桂林经人介绍，到东楼十八街的一家麻花铺当伙计。他趁在麻花铺当学徒和帮工的时机，细心揣摩，认真学习，熟练地掌握了炸麻花的配料成分和炸制的火候、技术。从1936年起，范桂林便辞了帮工的活计，自己在东楼十八街附近摆设小摊，炸制麻花叫卖。小摊生意很好，范桂林很快攒了一笔钱，就在小摊附近买下一间小店面，正式开了一家麻花铺，字号叫"桂发祥"。

范桂林为了在竞争中取胜，把炸麻花用的面改为半发面，还在麻花白条中间夹放一条含有桃仁、桂花、青红丝、冰糖等各种配料的酥馅。经过这样制作的坯料，炸出来的麻花酥脆香甜，别有风味，而且只要存放在干燥处，虽经多日酥脆口味仍然不变。范桂林炸的大麻花出了名，"桂发祥"闻名遐迩，而"十八街大麻花"也成了天津著名的特产。

中华人民共和国成立以后，这一具有天津风味的特色小吃逐渐走向全国。1959年，桂发祥的十八街大麻花参加全国商品展览会，受到好评。

1983年4月25日，桂发祥麻花公司成立。

1997年，桂发祥十八街麻花在全国首届名小吃认定会上被认定为"中华名小吃"。

1996年，桂发祥被中华人民共和国国内贸易部命名为"中华老字号"。

2014年12月，桂发祥十八街麻花制作技艺成功入选第四批国家级非物质文化遗产名录。

流　程

桂发祥十八街麻花的原料均采自全国各地的最佳产地，品质上乘。

1. 桂花

桂发祥麻花中添加了以杭州西湖桂花加工而成的精品咸桂花，与其他辅料相得益彰，大大提升了桂发祥十八街麻花的口味，备受消费者推崇。

2. 冰糖

桂发祥选用的冰糖来自华北地区最大的冰糖生产出口厂家，其质地纯净，色白晶莹，无添加剂，是无污染的绿色食品。

3. 核桃仁

核桃仁是食中佳品，也是滋补良药。

4. 植物油

桂发祥十八街麻花采用的是优质原料经脱胶、脱酸、脱色、脱蜡等工艺加工而成的精制植物油。色泽浅，烟点高，不含对人体有害的化学物质。

5. 清水红

桂发祥十八街麻花选用知名厂家制作的优质红绿丝、橘丝，真材实料，品质上乘，增添了麻花所独有的复合香气。

6. 小麦粉

桂发祥十八街麻花的主要原料为炸麻花专用富强精粉。

桂发祥麻花能成为市场上享有盛誉的健康美味食品，其特色全都体现在它的配料和制作工艺上。制作一根地道的桂发祥麻花需要10道工序：发肥、熬糖、配料、制馅、和面、压条、劈条、对条、成型和炸制。整条麻花由10根细条组成，在白条和麻条中间夹一条含有桂花、闽姜、桃仁、瓜条等多种小料的酥馅，拧成3个花，成为"什锦夹馅"的格局。

狗不理：形似菊花味鲜香

狗不理包子铺原名"德聚号"，距今已有百余年的历史。如今，狗不理包子已走向世界，进入许多国家的市场，备受宾客欢迎。

渊　源

清道光十一年（1831年），狗不理包子创始人高贵友出生在直隶武清县下朱庄（现天津市武清区）。因其父四十得子，为求平安养子，为其取乳名"狗子"，期望他能像小狗一样好养活。高贵友14岁时，到天津南运河边上的刘家蒸吃铺做小伙计。因心灵手巧又勤学好问，加上师傅们的指点，高贵友做包子的手艺不断长进，练就了一手好活。

3年满师后，咸丰八年（1858年），高贵友独自开了一家专营包子的小吃铺："德聚号"。由于高贵友的手艺好，制作的包子口感柔软，鲜香不腻，形似菊花，色、香、味、形都独具特色，生意十分兴隆。来吃他的包子的人越来越多，高贵友忙得顾不上跟顾客说话，这样一来，吃包子的人都戏称他"狗子卖包子，谁都不理"。久而久之，人们喊顺了嘴，都叫他"狗不理"，把他所经营的包子称作"狗不理包子"，原店铺的字号渐渐被人们淡忘了。

1916年，高贵友病故，其子高金铭继承产业。经历了20余年发展，狗不理包子先后在天津北大关、南市、天祥后门等地设立分号，同时经营，达到了鼎盛时期。

1947年，高金铭之子高焕文继承产业，由于经营不善，狗不理包子铺在天津的几家分号全部关闭，1952年歇业。

中华人民共和国成立后，于1956年，天津市人民政府决定恢复本地风

狗不理的牌匾

味食品，就把中华人民共和国成立前夕在狗不理各店工作过的老师傅们重新找来，成立了狗不理包子店。

1992年，成立了天津狗不理包子饮食（集团）公司，在全国21个省市建立了80多个分店。同时还在美国、日本，韩国、新加坡等国家建立了特许连锁店。

2011年11月，狗不理包子传统手工制作技艺项目被列入国家级非物质文化遗产名录。

流　程

最早，高贵友做包子的技艺为：肥瘦鲜猪肉3∶7的比例加适量的水，佐以排骨汤或肚汤，加上小磨香油、特制酱油、姜末、葱末、调味剂等，精心调拌成包子馅料。包子皮用半发面，在搓条、放剂之后，擀成直径为8.5厘米左右、薄厚均匀的圆形皮。包入馅料，用手指精心捏折，同时用力将褶捻开，每个包子有固定的18个褶，褶花疏密一致，包出的包子形如白菊花，最后上炉用硬气蒸制。

如今，狗不理包子在用料上，选用七成瘦三成肥的新鲜猪肉，上等酱油，放上香油、味精、葱姜末等作料，边加水边搅拌，打成肉丁水馅。包子皮使用半发酵富强面粉做成。做工上，狗不理包子从揉面、揪剂、擀皮、装馅、掐包、上屉、上大灶，都有明确的规格标准，掐出来的包子褶花匀称。刚出屉的包子，油水汪汪，吃起来香而不腻。

耳朵眼：黄软炸糕津门绝

炸糕是天津传统特色小吃，经营者众多，最有名的是中华老字号的耳朵眼炸糕，始于清光绪年间，创始人是刘万春。如今，耳朵眼炸糕与狗不理包子、桂发祥麻花并称"津门三绝"。

渊　源

耳朵眼炸糕的创始人是刘万春，他出身穷苦人家，清末光绪年间，以卖炸糕为生，在天津鼓楼、北大关一带走街串

耳朵眼炸糕的牌匾

巷流动叫卖，后改为在估衣街西口的北门外大街上摆摊设点现做现卖，赖此维持全家的生活。

1892年，刘万春与他的外甥张魁元合伙，在北门外大街租下一间约3米见方的门面，挂起"刘记"炸糕的招牌，办起了炸糕店。刘万春的炸糕色金黄，味香浓，皮酥馅细，甜味厚，不粘牙，深得消费者青睐，使刘万春赢得了"炸糕刘"的绰号。由于该店坐落在北门外大街耳朵眼胡同西口，故被人们戏称为"耳朵眼"炸糕。

后来，刘万春的儿子刘玉才、刘玉山、刘玉书等陆续进店。日伪统治天津时期，耳朵眼炸糕店被迫加入商会，起名"增盛成"。

1957年，刘氏耳朵眼炸糕店改为公私合营。1978年，由天津市饮食公司定名为"耳朵眼炸糕店"。

1997年，耳朵眼炸糕被认定为"中华名小吃"。

耳朵眼炸糕自刘万春开始，到现在已经历了6代传承。

流 程

最早，耳朵眼炸糕有三大秘诀，秘诀一是使用的面是由长糯米和圆糯米按一定比例混合而成，再经过3天以上的自然发酵，才能用来包馅儿；秘诀二是耳朵眼炸糕所使用的馅料都是独门秘制，其中最为出名的传统豆沙馅，全部用优质的赤小豆精心磨制而成；秘诀三是包炸糕的手法十分讲究，左手托面，右手打馅，均衡隆起，封口即可。

耳朵眼炸糕始终坚持对品质的把控，炸糕要选用优质糯米、红小豆和赤砂糖，经漂、煮、焖、搅、炒糖等多道工序才能炒制成馅料，皮面则要经过水泡、石磨、发酵、成型等多道工序，包好豆馅后再用上等香油、花生油炸成金黄色，炸糕外皮要酥脆不艮，豆馅香甜爽口。炸制时，锅有三口，但只有两口锅用于加工炸糕，第三口锅是控油用的。

老边饺子：松散易嚼食之香

老边饺子是沈阳一家老牌的饺子馆，因饺子皮薄馅大，极为好吃，所以很受欢迎。老边饺子最大的特色是它的馅为汤煸馅。因为当时卖饺子的人姓边，又是汤煸馅的饺子，所以后人就把它称为"老边饺子"。如今，老边饺子的经营点遍布全国各地。

渊 源

"老边饺子"的创始人叫边福。他于清道光八年（1829年）从河北迁居来沈，刚开始时，只在小津桥附近搭了一个非常简易的小摊，边做边卖，店号为"边家饺子馆"。但由于店面太小，加上没有绝活，所以生意不是很好。到了同治七年（1870年），边福的儿子边得贵子承父业，经过一番钻研，将普通的煸馅改为汤煸馅，使之松散易嚼，味道鲜美，形成了独具一格的特有风味。从此，"老边饺子"一炮打响。

老边饺子注册商标

1940年，老边饺子第三代传人边霖将老边饺子迁到了当时沈阳最热闹的北市场，一下子就让"老边饺子"扬名全东北。

1956年公私合营，边霖担任老边饺子馆的经理。

1964年，邓小平同志到沈阳视察时，品尝过边霖包的饺子，他非常高兴地说："老边饺子有独特之处，要保持下去。"

1981年夏天，艺术大师侯宝林吃完老边饺子，称赞不已，挥毫写下"边家饺子，天下第一"8个大字。

老边饺子宴在1998年美国国际食品博览会上获得金奖，1999年在全国第四届烹饪技术大赛大众筵席中获优胜杯第一名，被誉为"天下第一宴"。

2000年，被国家内贸局评为"中国名点"，还被世界吉尼斯纪录认定为发展历史最长的饺子馆。

2018年，老边饺子被评为"2018辽宁礼物"。

流　程

老边饺子之所以久负盛名，主要是选料讲究，制作精细，造型别致，口味鲜醇，它的独到之处是调馅和制皮。

1. 调馅

先将肉馅煸炒，后用鸡汤或骨汤慢煨，使汤汁浸入馅体，同时能增加鲜味。同时，按季节变化和人们口味爱好，配入应时蔬菜制成菜馅。初春选韭菜、大虾配馅，味鲜溢口；盛夏用角瓜、冬瓜、芹菜，可以解腻；深秋选油椒、芸豆、黄瓜、甘蓝配馅，清爽可口；寒冬用喜油的大白菜配馅，松散鲜香。至于肥瘦肉的用量一般是春、夏多用瘦肉，秋、冬多用肥肉。肉与菜的比例，或三七或四六，这样精制出的饺子口感极佳。

2. 制皮

剂皮制作，也独具一格。用精粉掺入适量熟猪油用开水烫拌和制。这样能使剂皮柔软、筋道、透明。老边饺子除蒸煮外，还可烘烤、煎炸。

老边饺子别有风味的"老边饺子宴"，盘盘用馅不同，有银耳馅、发菜馅、香菇馅、虾仁馅、鱼肉馅、红果馅、山楂馅……风味各异。

五芳斋：咸甜适中粽子王

五芳斋粽子号称"江南粽子大王"，是浙江省传统名吃，也是端午节节日美食，以糯而不烂、肥而不腻、肉嫩味香、咸甜适中而著称。五芳斋粽子按传统工艺配方精制而成，选料十分讲究。如今，五芳斋粽子因其滋味鲜美、携带和食用方便备受广大旅游者欢迎，有"东方快餐"之称。

渊 源

汉唐以来，嘉兴发展成为中国历史上最主要的稻作区，被誉为"天下粮仓"。唐代李翰在《嘉兴屯田政纪绩》中云："嘉禾一穰，江淮为之康；嘉禾一歉，江淮为之俭。"清代嘉兴府知府许瑶光重辑《嘉兴府志》卷三十三《物产》中提到，19世纪中叶时，嘉兴府地区所产

民国时期五芳斋的代价券

的糯米品种就有诸如：白壳、鸡脚、虾须、蟹爪、香糯、陈糯、芦花糯、羊脂糯等30多个品种。同时，嘉兴历史上还是我国重要的商品猪生产基地，肉鸡和鲜蛋产量和质量也很高。这些丰富、优质的农副产品原料，为发展各类花色的粽子创造了十分有利的条件。

粽子老字号五芳斋

嘉兴粽子古称"角黍"，传说是为祭投江的屈原而发明的，真正有文字记载的粽子见于晋周处的《风土记》；历史最悠久的粽子则是西安的蜂蜜凉粽子，载于唐韦巨源《食谱》，特点是只用糯米，无馅，煮熟后晾凉，吃时用丝线勒成薄片，浇以蜂蜜与黄桂酱。

1921年，浙江兰溪籍商人张锦泉在嘉兴城内张家弄开设了首家粽子店，由三人合伙出资组成五股，故取名"五芳斋"，寓意"五谷芳馨"，由此开启了老字号的百年历程。

20世纪40年代，五芳斋粽子以"糯而不糊，肥而不腻、香糯可口、咸甜适中"的特色被誉为"粽子大王"。

1956年公私合营，"荣记""合记""庆记"三家"五芳斋"及"香味斋"合为一家"嘉兴五芳斋粽子店"。

2011年5月23日，五芳斋粽子制作技艺列入第三批国家级非物质文化遗产名录。

流　程

五芳斋粽子的传统制作技艺，主要分为选料、浸米、煮叶、制馅、打壳、包裹、扎线、烧煮等36道工序，选料十分讲究，肉粽采用上等白糯、后腿瘦肉、徽州伏箬，甜粽则用上等赤豆"大红袍"，通过配料、调味、包扎、蒸煮等多道工序精制而成。

具体制作流程是：

1. 制馅

包制鲜肉粽的馅，用的是肥瘦适中、去皮的腿肉，按横丝纹切成长方形的小块，然后放入盆内，不用酱油浸拌，而是加入少量的食盐、白糖、味精、白酒等，用手反复拌搓，直到肉块出现"小白泡"为止。这样的肉馅煮熟后特别香嫩，有火腿风味。

2. 淘米

选用香糯米，用温水浸泡糯米两三个小时，用个小簸箕或过滤篮滤干水分。因为淘过的米吸水量少，用酱油拌米时，咸味就容易吸收进去。

3. 包粽子

把粽子叶放水里煮，水开10分钟后即可取出，用冷水洗净，剪去两端后滤干。剪若干条棉线，每条长约20厘米。腿上放一条毛巾以防弄湿衣物。取两张反面粽叶按一头一尾的反方向重叠，放入料米，用食指在米中间轻轻划"一"字，放入肉块，再填米盖住肉块。右手先把外端粽叶往里折叠并向后折，包好一端再以同样手法完成另一端，绑粽子要先在中间绑一次后才从一端逐一绑向一端，以防变形。绳子不能过紧或过松，以轻扯不移动为宜。

4. 烧煮

烧煮时也和一般煮法不同，不是用冷水，而是用开水落锅，防止粽子里的味道走失。

五芳斋粽子除了鲜肉粽，还有猪油细沙粽、鸡肉粽、八宝粽、排骨粽等品种。

第一楼：王楼山洞梅花包

开封第一楼是一家百年老店，所经营的"第一楼小笼包子"，源于北宋东京名吃"王楼山洞梅花包子"。小笼包子选料讲究，制作精细，小巧玲珑，皮薄馅多，味道鲜美。"提起一缕线，放下一蒲团，皮像菊花芯，馅似玫瑰瓣"，被誉为"中州膳食一绝"。

渊 源

小笼包子原名灌汤包子，俗称汤包。包子在北宋都城东京（今开封）的市场上已有售卖。据《东京梦华录》载，时名为"王楼山洞梅花包子"，号称"在京第一"。

开封第一楼小笼包创始人是黄继善，他是豫北滑县黄家营人，少时家贫，幼时只读过2年私塾。1907年，黄继善来到开封西大街福聚楼饭馆当学徒。1915年他离店自谋生路，几经周折后在开封北书店街开了"黄记小饭馆"。

当时在开封，最有名的包子店是南京人周孝德开办的，周孝德当时年近七旬，想物色个可靠的年轻人，传授自己一身的手艺，他看出黄继善是个厚道人，就向黄继善传授手艺。

1922年，俩人的包子店在山货店街19号开业。由于包子好吃，皮薄馅多，小店的名气越来越大，生意越来越好。后来黄继善请有学问的人给自己的包子店起名号。有人就根据山洞梅花包子"在京第一"的典故，取了个"第一点心馆"的名字。

1933年，黄继善买下一座两层小楼，将"第一点心馆"改为了"第一楼点心馆"，此后人们便将"第一楼点心馆"简称为"第一楼。"

1938年，开封被日军攻陷，百业凋敝，"第一楼点心馆"每天收入微薄。1945年日本投降，开封解放，第一楼的生意有了好转。但随之而来的内战，又让第一楼遭受重创，处于半停业状态。

黄继善为了让生意红火起来，将原来大笼蒸制、装盘上桌的包子，改为小笼蒸制，每笼15个，随要随蒸，直接上桌。这样既保持了包子的热度和形状的完美，又便于经营，备受顾客欢迎，开封灌汤小笼包至此正式问世。

20世纪60年代，开封第一楼创始人黄继善教学徒制作灌汤包的技术

1956年4月，第一楼点心馆实现公私合营，易名为"第一楼包子馆"。

1989年，全国53家各类包子展开角逐，开封第一楼小笼包赢得商业部的"金鼎奖"。

1992年11月，第一楼小笼包子以"第一楼"为商标在国家行政管理局登记注册。

1996年8月，国家内贸部认证"第一楼"为"中华老字号"。

1997年，第一楼小笼包被中国烹饪协会评定为首届全国"中华名小吃"。

1999年1月25日，"第一楼"被中华人民共和国国内贸易部正式认定为国家特级酒家。

流　程

第一楼小笼包的用料考究，制作独到，其特点是皮薄馅大，满汤满油，提起似灯笼，放下像朵白菊花。

选料方面，肉只用上好的猪后腿，七分瘦三分肥，以当年的小磨香油、上好的酱油、料酒等调味；不拌馅而是打馅，用手边拌边不停拍打，直到把馅打得扯长丝而不断。

和面工艺要求十分严格，要经过搓、摔、拉、拽，三次贴水、三次贴面的"三软三硬"的过程。每两个面团制作成5个面皮，每个包子捏出18至21个褶纹。蒸熟后不破口、不掉底、不跑汤。

第一楼还推出"小笼包子宴"，又称"什锦风味包子宴"，包子分为灌汤、鱼仁、翡翠、鸡丁、韭头、蘑菇、南荠山楂、虾仁、素馅、麻辣等十大风味。

曹祥泰：赤豆为芯绿豆表

武汉市曹祥泰食品有限责任公司的前身为闻名荆楚大地及武汉三镇的曹祥泰杂货店，百年来，"前店后厂、所有工序一把抓、做鲜卖鲜"是曹祥泰一直坚持的传统制作工艺。从选料、加工、包装到售卖，都由曹祥泰自己的员工手工完成。这既是一种质量的保证，也是一种文化的传承。

渊　源

1863年，曹南山的父亲因病逝世，13岁的他一个人扛起养家的责任。他卖炒货时，大把大把地抓，从不缺斤少两，因而被人称为"曹一把"，直到后来卖水果赚下第一桶金，曹南山始终坚持着买卖人的诚信大方。

1884年，曹南山开起了自己的杂货铺，后来还开了"祥记""福记""寿记"等分号。后来曹南山的长子曹云阶接办杂货店，并办起了糕饼坊，自制中式糕点，取名"曹祥泰"。"曹祥泰"不但经营副食，还有五金、铁器等。曹祥泰的喜饼、绿豆糕、芝麻糕一直都很受武汉市民的欢迎。过去人们结婚生子、建房上梁、逢年过节，都要用箩筐来"曹祥泰"买副食，流传有"曹祥泰，不愁卖"的顺口溜。

1956年公私合营，"曹祥泰"杂货店改为国营，更名为"工农兵副食品商店"。

2006年，曹祥泰成为第一批申遗成功的"中华老字号"。

流　程

曹祥泰在制作绿豆糕时，始终坚持赤豆为芯、绿豆为表的传统配方，配料只选5种：绿豆、红豆、蔗糖、桂花、油。其中，绿豆选用品质上好的南方小豆，河南或陕西绿豆。每年夏初收获季节，曹祥泰就会派人到本地乡下、河南、陕西等地收购优质绿豆，因为这些地方的绿豆口感清爽。

红豆只用赤小豆和红竹豆，再熬制成红豆沙。在蔗糖的选用上，曹祥泰手工熬制糖浆，自制绵白糖，火候和糖水比例都恰到好处。

绿豆糕软硬口感所需力道微妙，如果用机器模具压制，用力过度会过于板结，力道不够则容易松散，因此曹祥泰坚持全流程手工制作，从而保证绿豆糕的口感。

〰️ 同春园：京城江南一枝秀

同春园饭庄是由江苏人于宝元、郭干臣等合股经营，开业于1928年，地址在西长安街。同春园擅长烹制河鲜类菜肴，鱼虾、蟹类名肴迭出。成菜出品不失原汁原味，虽酥烂但不失其形；老菜新吃，新菜不离老味儿。

渊　源

北京是一座有着悠久历史的文化名城，王公贵族、达官贵人、巨商富贾和文人雅士颇多。人多聚会多，日常餐饮之需就多，所以餐饮业十分兴隆。元、明两代，北京的酒楼、饭庄数不胜数。清中叶以后，北京的饭庄更为发达。辛亥革命后，清政府被推翻，建立了中华民国。当时，民国北洋政府的

官员，有不少来自江浙地区，江
浙风味饭店开始多起来，尤其以
淮扬菜最为流行。

同春园饭庄的牌匾

有资料记载，民国初年，
在西长安街上曾先后出现了12家淮扬菜馆，人们把它们称为"十二春"：
庆林春、方壶春、玉壶春、东亚春、大陆春、新陆春、鹿鸣春、四如春、宣
南春、万家春、淮扬春、同春园。也有"八大春"之说，即：上林春、淮扬
春、庆林春、大陆春、新陆春、春园、同春园、鹿鸣春。

1928年，国民政府完成北伐后便将首都迁往南京，很多官员跟着离开
北京，市井开始萧条，"十二春"相继歇业，到20世纪40年代末，仅剩同春
园一家还在经营。

同春园1930年开业，餐厅的几位合股人是从生意不佳的四如春饭庄出
来的。"同春园"名号寓意"同心协力春满园，花开茂盛，生意兴隆"。

2006年，同春园被商务部认
定为"中华老字号"。

流　程

同春园饭店的菜品重视用
汤，选料严谨，制作精细，其经
营的400余种菜肴中尤以河鲜类
菜肴著称。该店制作的鱼、虾类
菜肴具有鲜嫩、清淡、微甜爽
口，保持原汁原味、酥烂不失其
形的特点。经常供应的品种有干
烧青鱼、红烧中段、干烧头尾、
砂锅鱼头、糖醋瓦块鱼、烧划
水、五香叉烧等。

民国时期的同春园饭店

同春园最精到的鱼菜有松鼠鳜鱼、响油鳝糊。传统的文化菜有水晶肴肉、清炖蟹粉狮子头，面点小吃有核桃酪、羊羹、春卷等。

响油鳝糊又名清炒鳝糊，因其上桌前要淋响油，噼啪作响，由此得名。此菜由同春园饭庄创店主厨王世枕大师带入京城，很快享誉京城，并成为同春园的镇店名菜。

蟹粉狮子头历史悠久，曾作为开国第一宴的主菜。20世纪30年代，齐白石老先生曾评价同春园饭庄的蟹粉狮子头："丸子京城无数家，唯同春园之味诱人也。"此菜是同春园几代名厨的招牌菜之一，为镇店名菜。

大煮干丝又名鸡汁干丝，此菜选用上好的豆腐干，片成18到24片，切成细丝，以笋片、火腿、虾仁、鸡汤清炖到质柔而汤浓即可，口味清淡、风味独特。大煮干丝在同春园饭庄享誉八十载，畅销不衰，为镇店名菜。

同和居：同怀和悦相聚欢

北京的饭庄旧时有个约定俗成的规矩，堂最大，比堂略小的是庄，再次之的称为居。有资料记载：字号的垫尾字有代表这个馆的等级和风味的作用，它们有庄、园、堂、楼、居、坊、馆、铺、摊之分，以"庄"以"居"字号垫尾者属中档次，用"居"垫尾字号亦常有自身特色。"同和居"就有自己的特色，比如三不粘、烤馒头、银丝卷等。

渊　源

旧时，北京的饭庄以"八大楼""八大堂""八大居""八大春"为首，这其中不少都是鲁菜馆。留到今日的老馆子已所剩无几，"八大居"里的同和居是为数不多的幸存者之一。

"同和居"始建于清道光二年（1822年），这个商号取自"同怀和悦"，意指大家欢聚一堂，共享和悦的气氛。

据史料记载，同和居创始人原是清室的一位皇亲，为在宫外有个方便的去处，便邀来几个人在北京西四南大街北口（原西四牌楼西南角四合院内）开办了此饭庄。

同和居开业之初，生意冷清。为了生意兴隆，店主结识了一位御厨，向其学习了"全家福""贵妃鸡"等宫廷菜肴的烹饪技术，自此小店生意有了转机。为招揽生意，小店常以客为便，取"同怀和悦"之意，定名为"同和居"。

民国初年，掌柜牟文卿请御膳房的袁祥福帮厨，袁祥福凭三不沾等宫廷名菜使同和居更有名气。1939年广和居停业，大部分厨师来到同和居，使同和居生意更加火红，名气越来越大，成为旧京城著名的"八大居"饭馆之首。

今天的同和居依旧位列顶级鲁菜餐厅之中，原厨师长于晓波师傅是全国唯一一个享受国务院特殊津贴的厨师。

2018年12月，同和居日坛店开业，加上新开店，同和居在北京有月坛总店、什刹海店、日坛店3家店。

流　程

同和居的鲁菜烹调方法全面，爆、炒、烹、炸、溜、扒、氽、蒸、烩、烧、烤、炖、煎、煮、拔、腊、蜜、沽、熏、拌、炮、腌、卤、酱等无所不长。同和居的"爆"法与其他菜系不同处，是采用急火速炒的方法，以突出菜肴本身鲜、香、脆、嫩的风味。"爆"法中又分油爆、汤爆、葱爆、酱爆、芫爆等。

同和居有"三绝"：糟溜鱼片、三不粘、烤馒头。

"三绝"之中，三不粘堪称同和居的镇店之宝。三不粘是用鸡蛋黄做主料，将水、鸡蛋黄、绿豆粉等，按一定比例放入容器，搅拌后置入加油热炒锅中炒制，边炒、边搅、边放油，手不离锅，勺不离火，经过几百次的搅

同和居的名菜——三不沾

炒，至蛋黄、水、糖、绿豆粉融为一体炒至状如凝脂，色泽金黄出勺即成。吃时，此菜一不粘盘、二不粘匙、三不粘牙，故名"三不沾"。

糟溜鱼片是鲁菜中的经典名菜，鱼片是过油滑的，滑好的鱼片与糟同炒，既要使糟能完好地裹在鱼片上，又要使糟卤浸入鱼片里，有一股清新且淡淡的糟香。摆盘的时候，在盘子下面铺上一层黑木耳，然后把雪白的鱼片盛在上面，又漂亮，又好吃。

除此之外，同和居的烩乌鱼蛋汤，风味独特，制作十分讲究。这道汤选用干乌鱼蛋，用水泡发后，剥开分片；沥清水分后，加入料酒、胡椒粉、同和居特制的高汤等煮开，待水刚开未沸的时候放入一定比例的淀粉、葱油、醋等调味出锅即可。过程看似简单，却要由有十几年功底、经验丰富的师傅亲自掌勺，把烹制的火候、调料的分量拿捏得恰到好处。

粉皮辣鱼、潘鱼等菜肴也是同和居很有特色的菜品，具体做法是：先将活鲤鱼肉（如用死鲤鱼，要去皮、骨、刺）切成段；干粉皮去掉周围的厚边，掰成3厘米见方的小片，并用温水泡软。然后，将炒勺放在旺火上，放入鸡汤、甜面酱、酱油、绍酒、葱丝、精盐、味精、猪油、糖色、红辣椒和鱼肉段，翻搅几下；烧开后，移到微火上煮5分钟，加入粉皮，再煮15分钟左右，淋上芝麻油即成。

邵万生：中华糟醉席上珍

邵万生创始于清咸丰二年（1852年），是上海的"中华老字号"，主营糟醉食品，经营食品有糟醉、腌腊、南北货、烟酒、糕点、蜜饯等。邵万生的经营特色是"精制四时醉糟"。鸡鸭鱼肉蛋，无所不糟，四季不断，故有"春上银蚶，夏食糟鱼，秋持醉蟹，冬品糟鸡"之誉。

渊　源

邵万生创立于清咸丰二年（1852年），相传创始人为宁波一名唤作"邵六百头"的渔民。

咸丰年间，宁波三北地区（现慈溪市）的一个渔民之子"邵六百头"，由于家贫，到上海谋求发展，起初，在早期宁波人集聚的虹口吴淞路开设南货店，出售红枣、黑枣、胡桃等干果和金针、木耳以及烟纸杂货，后来，开始出售自制的糟醉食品，受到顾客青睐。咸丰二年（1852年），邵氏在虹口横浜桥附近，新开了"邵万兴"南货店，经营南北货与宁绍糟醉。

同治九年（1870年），邵氏看到此时发展起来的南京路十分兴旺，便把店铺从虹口迁至南京路414号。他扩大门面，开设工场，形成前店后厂的格局，改名"邵万生"，希望店铺能生生不息，万年流传。

邵万生的糟醉生意非常吸人眼球，很多南北货都是前来购买糟醉食品的顾客捎带走的，邵氏发现这一现象，决定扩大糟醉生产，将店堂的一半都用来经营宁绍特色糟醉

邵万生标识

产品，每日将自产的糟醉产品如黄泥螺、醉蟹、糟鱼、醉鸡等时令商品推向大众，邵万生店堂每天被挤得水泄不通。

抗战时期，兵荒马乱，邵万生一度陷于困境，无法正常营业。

1956年，邵万生参加了公私合营。20世纪70年代中期，邵万生工场与川湘厂等三家企业合并，生产黄泥螺和糟蛋等。到了20世纪80年代中期，邵万生恢复前店后厂，主要生产虾子酱油、黄泥螺、醉蟹以及糟鸡、糟肉、糟鱼等。后来，邵万生组建了邵万生商贸合作公司，由"邵万生""三阳""大丰""川湘"等多家百年老店、名特商店组合而成。

流　程

邵万生的产品除了做工精细，选料也严格，用料也新鲜。过去，黄泥螺一定要选用宁波沈家门任母渡的泥螺，每年阴历四月上中旬，泥螺旺产时收购，经三次暴腌滤净，再用高档陈年黄酒腌制，这样生产出来的泥螺形大、肉厚、无沙、味美。如今在辽宁湾畔建立了稳定的野生冷水泥螺原料基地，确保原料泥螺颗粒硕大、肉质饱满。

邵万生的醉蟹选用的是重2到3两的活蟹，过去，这些蟹由专人每天送货到邵万生店门口，伙计当众拣蟹，分量过轻或过重的都不要。如今，固定了4000亩的蟹源供给基地。

邵万生的糟醉食品不仅质量好，而且品种多，一年四季均有上市。当时曾有人作了一首赞美邵万生糟货的打油诗："春意盎然尝银蚶，夏日炎炎食糟鱼，秋风萧瑟持醉蟹，冬云漫天品醉鸡。"

黄天源：用料精良糕团香

黄天源是苏州糕团老字号。黄天源认准一条原则，即"前店后厂"，现做现卖。黄天源在生产糕团时，仍以手工制作为主。手工制作的糕团毛利很低，但也正因为保持了手工加工工艺和新鲜、醇正的口味，所以深受广大消费者的认同。

渊　源

以米磨粉制作糕团，始于3000多年前。《周礼》云："糗饵粉糍"，即指用大米捣成粉末，做成粉作干粮。而糕则在汉末已见诸典籍。苏州糕团的发展，一是与苏州水乡盛产稻米有关，二是与地方饮食风俗习惯有密切的联系。《苏州府志》载："十五为元夕，取粉杂豆作饼，入油煎之，以相饷"。二月初二老年人喜食煎年糕，谓之"撑腰糕"，传此日食此糕能治腰痛病。三月清明节，青团亦为家家必食品种，并以此团祀祭祖先，名曰"祖宗亡人吃青团子"，等等。此外，尚有民间添滋、祝寿、迁徙、造屋等纷纷以糕团为礼。

糕团食品是苏州人时令饮食的一种习俗，在苏州，有很多糕团店，最著名的要数苏州糕团老字号黄天源。

黄天源创立于道光年间（1821年），浙江人黄启庭在东中市都亭桥摆一个粽子摊，粽子味道特别好，所以生意很好，经营几年后，就在都亭桥附近租了一间小屋，取名黄天源糕团铺，供应各种特色糕点。

黄启庭父子相继去世后，黄天源糕团铺由寡媳黄陈氏主持。因不善经营，生意每况愈下，至1874年，将店盘与店中牵烧师傅顾桂林。

顾桂林接管黄天源后，发挥自己的糕团制作技能，兢兢业业经营，商店生意蒸蒸日上，欣欣向荣。1931年顾桂林将店交给儿

苏州糕团老字号黄天源

黄天源包装纸

子顾紫封经营。1947年顾紫封病故，黄天源由顾念椿接管。顾念椿接管糕团业务后，于1948年向槐树巷徐某购进观前街241号一楼的店面房屋。

直到今天，黄天源除了各式糕团享有盛誉，炒肉、虾仁及各种面条，亦颇具特色。

1956年公私合营时，黄天源又并进了天源利和冯秉记两家糕团店。

20世纪80年代以来，黄天源先后扩大了店堂和工场间。

1994年，开始实行连锁经营，分店遍及北京、南京、安徽、新疆等地区。

1995年11月，黄天源糕团店在175年店庆之际，举办了为期一周的首届黄天源糕团食品节，展示300余种自正月至腊月的各类传统、特色、创新时令糕团。

1996年，精制的花色糕又荣获1996年国际食品及加工技术博览会金奖。

1997年12月，苏式糕团被中国烹饪协会命名为"中华名小吃"。

2001年12月，黄天源糕团店被中国烹饪协会评定为"中华餐饮名店"。

流　程

黄天源糕团之所以受到青睐，关键在于其制作讲究配方、用料和工艺。

黄天源选用江南糯米、粳米为原料，而且在糕团的色泽处理上不用添加剂，全部采用天然色素，从小麦叶、红米、圆圈啡、南瓜、赤豆等天然植物中分别提析出绿、红、黑、黄、紫色等。

黄天源坚持全天然原料、原汁原味的选材，在昆山正仪建立绿色浆麦草基地，定点采购东山、西山、光福以及东北长白山的优质果料以及广东、广西等地方的优质蔗糖。经过反复尝试和考察，在安徽巢湖农业基本保护区建立粮食基地。

缸鸭狗：店名奇特汤圆妙

作为宁波汤圆的鼻祖，百年老店缸鸭狗几乎妇孺皆知。缸鸭狗汤圆独具香、甜、鲜、滑、糯的特点，民间顺口溜赞美缸鸭狗："三更四更半夜头，要吃汤团缸鸭狗。一碗下肚不肯走，两碗三碗发瘾头。一摸口袋钱不够，脱下布衫当押头。"

渊 源

缸鸭狗的创始人江定发，祖籍宁波奉化塘拗。他是家中的独子，父亲过世早，未满18岁的江定发靠在货轮当加煤的小水手，到美国远洋运输挣钱养家。母亲应氏不舍得他远赴异国，就送他到三北的顺和祥做学徒。3年学徒满后，江定发想自己开店做生意。

他在宁波府城隍庙设了一个露天的小摊，卖酒酿丸子、豆沙丸子等甜食。摊头虽小生意却好得很，后来积累了一定资金开了个店。

江定发小名"阿狗"，他在请人写招牌时别出心裁地用自己的小名的谐音，在招牌上画一只水缸、一只麻鸭、一只黄狗作为

缸鸭狗商标图

招牌。这个店名奇特，一时传播甚广。

开店之后店里开始生产招牌产品"猪油汤团"。现烧现卖，为了照顾顾客的口味，在营业柜上放了一碗上好的白糖，让顾客根据喜好随意添加。当时缸鸭狗的点心和经营方式，深受广大市民的喜爱。后来，江定发将缸鸭狗传给三儿子江云心继承。现在已传到第三代传人江云心的三儿子江建波。

1956年，缸鸭狗进行改组，走上了集体化道路。

1988年，成立了缸鸭狗汤团总店。

1993年，缸鸭狗被授予"中华老字号"企业。

1997年12月，缸鸭狗汤圆被中国烹饪协会评为"中华名小吃"。

2011年，缸鸭狗入选浙江省非物质文化遗产名录。

流　程

"缸鸭狗"经营各种甜食点心，以其精细的制作工艺和考究的用料，为食者所赞赏，尤以猪油汤团最为突出。当年，江定法对原料的选择极其考究，米粉都是用本地产的上等白糯米磨成。汤圆馅用的是优质有厚度的肉猪板油，黑芝麻用上等精品，白糖也是最好的。

如今的缸鸭狗，每一颗汤圆一定要手工来搓，一定要有手心的温度，而不是完全由冰冷的机器替代。1个20克的汤圆，5克馅料，15克皮，甜味拿捏得恰到好处。

赖汤圆："三不"闻名味道佳

赖汤圆创始于1894年，是四川省成都市传统名小吃。老板赖元鑫制作的汤圆煮时不烂皮、不露馅、不浑汤，吃时不粘筷、不粘牙、不腻口，滋润香甜，爽滑软糯，成为成都最负盛名的小吃，迄今已有百年历史。现今的赖汤圆，保持了老字号的质量，其色滑洁白，皮粑绵糯，甜香油重，营养丰富。

渊　源

元宵，古称"浮元子"，是脍炙人口的民间小吃。宋代，民间即流行一种类似于元宵的新奇食品。宋朝郑望之的《膳夫录》记载："汴中节食，上元油

成都小吃老字号赖汤圆

锤"。这里的油锤，即类似后代的炸元宵。到南宋时，就有所谓"乳糖圆子"，应该就是汤圆的前身。

赖汤圆创始于1894年，创制人原是四川资阳东峰镇人，名叫赖元鑫。由于父病母亡，赖元鑫跟着堂兄来到成都一家饮食店当学徒，满师后，生活无着，找堂兄借了几块大洋，担起担子卖起汤圆来。他的汤圆选料精、做工细、质优价廉、细腻柔和，因而在众多的小吃中逐渐有了名气，时间长了之后，成都人都称他卖的汤圆为"赖汤圆"。

20世纪30年代，赖元鑫结束了走街串巷的挑担经营方式，在成都开店经营汤圆，店名就叫"赖汤圆"。

1939年，家乡要筹建一所中学，赖元鑫捐赠了150担（约合2.5万多千克）谷子，作为办学经

民国时期元宵灯节街头卖汤圆的小贩

费。赖汤圆捐资办学的学校就是现今的三元寺中学。

20世纪50年代，赖汤圆经过改造成为国有饮食门店，生意更旺，蜚声海内外。

1990年12月，赖汤圆被成都市人民政府认定为"成都名小吃"。

1998年，赖汤圆参加商业部优质产品评选，获商业部颁发的"金鼎奖"。

流　程

赖汤圆的做法十分讲究，有"煮时三不"和"吃时三不"之说。就是：煮时不烂皮、不露馅、不浑汤；吃时不粘筷、不粘牙、不腻口。

赖汤圆的制作食材主要是糯米和黑芝麻。

主要制作步骤有：

1. 粉浆

把糯米淘洗干净，用清水浸泡两到三天；每天换水二至三次，以免发酸。磨浆之前，还需要用清水再淘洗一遍，然后把浸泡过的米磨成很细的粉浆，再把粉浆装到专门的布袋里吊干，当地人管这个过程叫吊浆粉子。

2. 馅料

精心挑选上等黑芝麻，去除杂质后，淘洗干净，用小火慢慢翻炒，炒熟、炒香，然后用擀面杖轻轻压成细面，加入打碎的冰糖粉、切碎的橘皮、花生仁碎末、核桃仁碎末，少许的玫瑰花瓣，再加入化开的猪油，细细拌均匀，放在案板上压紧，切成1.5厘米见方的块，备用。

3. 皮坯

做皮坯的时候，把吊浆粉子加入适量的清水，像和面那样揉匀。每次分摘30克左右的粉团，做成一个皮坯，包入一个馅心，捏拢封口，搓圆即可。

耗子洞张鸭子：外酥里嫩色泽红

耗子洞张鸭子是传统的川菜美食，创始于20世纪30年代，因其地外面是茶馆，里面是酒店、旅馆，巷子深、进口小，故被称作"耗子洞"。樟茶鸭也是耗子洞鸭店的代表菜，近百年来保持着传统的加工方法，因选料严格，做法特别，味道极好，深受国内外各界人士的赞扬。

渊 源

清末，成都有两处取名为"耗子洞"的地方。其中一处在成都提督东街和署袜街交口处，1928年，张国良跟随父亲在这里摆摊，出售烧鸭子。

1931年，摊子迁到街对面"江东浴室"门口的过道上，取名"福禄轩"。1932年，张父去世，"福禄轩"由张国良独自经营。由于张国良严守"不怕无人买，只怕货不真；不怕无人请，只怕艺不精"的父训，始终坚持"剩买主不剩货"这一销售原则，店里绝不卖陈货。

进货十分严格，不购进老的、小的、瘦的、死的鸭鹅，偶然购进了小的就先养肥再杀，现杀现用。每天的货既要好，又不能多，要求卖完早收摊，晚间不经营。

久而久之，食者发现福禄轩的鸭、鹅味道好，货新鲜，因此购者如云。由于福禄轩原来在耗子洞摆过摊，店主姓张，因此人们就称为"耗子洞张鸭子"，而福禄轩的店名反而被淡忘了。此后，耗子洞张鸭子名气大增，成了成都的名小吃。

20世纪50年代后，耗子洞张鸭子有了更大的发展，品种也增加了樟茶鸭、油淋

成都名吃老字号耗子洞张鸭子

鸭、京酱元宝鸡、京酱板鸭、白油桶鸭、白油板鸭等。

1992年，成都人民政府授予耗子洞张鸭子"成都名小吃"称号。

2006年，商务部授予耗子洞张鸭子"中华老字号"称号。

流　程

耗子洞张鸭子制作工艺精湛。过去，晾干水汽的全鸭，首先得用井盐、川椒、料酒、白糖、五香粉、姜、葱等腌制入味后，放入特制的卤水里煮上20分钟，渗上卤料香味的同时又上了颜色。风干后，再放置熏炉，以樟树叶和茉莉花茶末烟雾熏入樟茶的淡雅清香，趁热再将醪糟、绍酒、胡椒等作料均匀地抹在鸭身上，放入蒸笼里文火蒸两个小时，最后再下油锅炸至外皮酥脆，呈棕红色，大功才算告成。

如今，做法相似，首先，选细嫩仔鸭，去净血、剔净毛后，从翅膀下开小孔，取出内脏，填进去各种味料，放入沸水锅内略煮后出坯。

接着，放到熏炉用樟树叶和茉莉花茶末熏烤。出炉后还得放到笼屉上蒸，最后再下油锅炸，炸成棕红色，取出来宰成小块，装盘时再码成鸭形。

六味斋：选料考究风味正

山西太原的六味斋始创于清朝乾隆三年（1738年），它最负盛名的产品是酱肘子，在清乾隆年间即为贡品。六味斋传统配方中包含几十味中药材，再加上用文火慢慢炖煮，因而营养十分丰富。

渊　源

在太原有这样一句老话："杏花村里老白汾，太原城内六味斋。"

六味斋始创于1738年，当时有两名举子赴京城赶考，名落孙山，一个原籍山东，一个原籍山西，两人就合伙，在北京西单牌楼附近开设了一家熟肉店，名为天福号。无意之中，将煮过头的稠黏肉出售，结果，味道鲜美，购买者越来越多，生意很兴隆。

1938年，为躲战乱，当时的店掌柜盛荣广带领三个徒弟重回故里，在太原开设了"福记酱肘鸡鸭店"，后更名为"六味斋"。所谓"六味"是指除酸、甜、苦、辣、咸五味调和外，还突出了一个"香"味。

中华人民共和国成立前夕，天福号在全国各地的分号纷纷倒闭，唯有太原的六味斋以其"六味压三晋、香冠美群芳"的盛誉留存下来。

1956年公私合营后，六味斋正式更名为"六味斋酱肉店"，前店后厂、自产自销，产品深受人们喜爱。

2011年，六味斋酱肉传统制作技艺被列入国家级非物质文化遗产名录。

六味斋®
—始创于清·乾隆三年 1738年—
中华老字号 China Time-honored Brand

太原酱肉老字号六味斋

六味斋的宣传卡

流　程

六味斋保持着独有的以手工技艺为基础的加工方法。

六味斋酱肉以鲜（冻）猪肉为原料，经分割、烧毛等工序加工成块后，加入多味中药材和调味料用文火慢慢煮炖，经卤制、酱制、刷酱等流程制作而成。

六味斋酱肉选肉时，一般选肉细皮薄、不肥不瘦的上等肉，按部位切成15厘米宽、24厘米长的块。然后将洗净的肉块放入冷水中浸8至9小时，以去掉瘀血；捞出沥水，初煮1到1.5小时；初煮后将肉捞出，将汤去油过箩，然后将肉块放在锅内码好，加上装有桂皮、八角、茴香、花椒、生姜、砂仁、豆蔻、香叶等作料的纱袋，把锅盖严，加汤蒸煮；煮好后将肉块放在大盘中晾凉，再用刷子把汤汁抹到肉皮上，方为成品。

煮制时，要一摸、二看、三听、四闻，肉经过长时间的煮焖，汤变成汁，煮出来的油也渗入肉中，肉皮油亮，红中透紫，香味四溢。刷酱是酱肉加工所必需的独特工艺。由于制作过程工序繁多，经卤制、酱制后猪皮软嫩，外观不太好看，刷酱是为了保护猪皮，使外形美观，还可以改善口感。酱肉在刷酱、冷却后，从外观色泽看为酱红色或红褐色，用刀切开后，内部为粉红色，具有"熟而不烂、甘而不浓、咸而不涩、辛而不烈、淡而不薄、香而不厌、肥而不腻、瘦而不柴"的特点。

第三章

茶药调味类老字号

中国茶文化是中国制茶、饮茶的文化。中华茶文化源远流长，博大精深。茶文化是中国传统优秀文化的组成部分，其内容十分丰富。在漫长的历史中，一些茶店老字号为推广茶、继承茶工艺做出了不俗的贡献。

说到中医药堂，人们会想起『北有同仁堂，南有庆余堂』之说，中华人民共和国成立前还有四大中药房，即北京同仁堂、杭州庆余堂、汉口叶开泰、广州陈李济，这些全国比较著名的、历史悠久的老字号中药堂，其由来、堂训、宗旨、经营理念等值得现代人了解和关注。

『民以食为天，食以味为先。』除了茶、药类老字号，还有一些与百姓生活相关的调味品老字号。调味品，一个传统、低调的行业，每年却有过千亿的市场份额。如何在强手如林的『味坛』占据一席之地？且看老字号是如何做的。

吴裕泰："三自"方针保品质

吴裕泰茶庄自1887年徽州歙县人吴锡卿创号开始，至今已有130多年的历史。吴裕泰是商务部首批认定的"中华老字号"，一直从事茶叶贸易，吴裕泰茶叶多次在国内、国际茶叶评比中获奖，公司的茉莉花茶窨制技艺入选国家级非物质文化遗产名录。

渊　源

中国是茶的原产地。人们常说："开门七件事，柴米油盐酱醋茶"，可见茶已深入社会各阶层。

茶以文化面貌出现，要追溯到汉代，司马相如曾作《凡将篇》、杨雄作《方言》，一个从药用，一个从文学角度谈到茶。人工栽培茶树的最早文字记载始于西汉的蒙山茶。

唐代开元以后，饮茶之风弥漫朝野。晚唐杨华的《膳夫经手录》载："至开元、天宝之间，稍稍有茶；至德、大历遂多，建中以后盛矣。"

宋承唐代饮茶之风，日益普及。自宋代始，茶就成为开门七件事之一。元代以后，民间饮茶的人日渐增多。明代，北京地区的饮茶习俗更为普及。到了清代，满族官员也逐渐养成了无事就下茶馆的嗜好。

吴裕泰茶庄原名吴裕泰茶栈，创建于清光绪十三年（1887年）。吴裕泰茶栈最初是为吴氏家族茶庄进储茶叶而建，创办人是吴锡卿。当时吴氏家资殷富，在北京已开设多家茶庄，为集中进储茶叶，吴裕泰茶栈便应运而生。吴氏茶庄的茶叶均从安徽、浙江、福建等茶叶产地直接进货，并派专人在福州、苏州等地窨制茉莉花茶，经水陆运往京城，再拼成各种档次的茉莉花茶。

吴锡卿去世后，他的5个儿子组建了一个股份制管理机构——"礼智信兄弟公司"，经营吴裕泰茶叶，开始了最早的茶业连锁尝试，在北京和天津两地开设了11家茶庄。

中华人民共和国成立后，公私合营时，吴裕泰茶栈改为"吴裕泰茶庄"。

1997年，吴裕泰茶叶公司正式成立，成为奥士凯集团公司的下属公司，属于国有企业。成立之初只有一个营业面积80平方米的茶庄和一个60平方米的茶社。

吴裕泰商标

自2009年起，吴裕泰先后开发出茶冰激凌、茶冰饮、茶蛋糕、茶味月饼等衍生产品。

2010年，吴裕泰成为上海世博会茶叶类特许生产商及零售商。

2015年，吴裕泰茉莉花茶获得意大利米兰世博会中国馆茶文化周"金骆驼奖"。

2017年，吴裕泰获得"2017年度中国茶业最佳连锁经营品牌"荣誉称号。

流　程

最早的吴裕泰茶栈，以拼配花茶为经营特色，开始是自己窨制，后一律在产地窨。

吴裕泰有个"三自"方针：茉莉花茶自采、自窨、自拼。茶坯从安徽、浙江等地自采，再运至福建花乡自窨，最后运回北京自拼。各种档次的茶叶，都要拉单子，拼小样，多次品尝，精心调配。

安徽的茉莉花窨制，是顶级制茶工艺、非物质文化遗产。吴裕泰严格遵循九道独特的窨制工艺，茶坯制作、花源选择、鲜花养护、窨制拼和、通花散热、起花、烘焙、匀堆装箱、裕泰密配。严苛的工艺，造就了吴裕泰的不凡品质。

吴裕泰的店员还有一项必会的技艺——包茶叶纸。两张纸，半斤茶叶，要将茶叶妥帖地包好又不能撒出来。技术不到位，茶叶容易撒；干活不细致的，"吴裕泰"商标就露不出来。从这一细节，就看出吴裕泰对自身品质的重视。

张一元：一元复始茶叶真

张一元开业于清朝光绪年间，因茶好汤清而一举扬名。张一元经营高、中、低档的各种茶，可以满足不同消费者的需求。张一元茉莉花茶窨制工艺制成的花茶具有"汤清味浓、入口芳香、回味无穷"的特点，尤以"小叶花茶"著称。

渊　源

张一元茶庄，是张文卿于清光绪三十四年（1908年）在前门外观音寺开办的。

1884年，17岁的张文卿离开老家安徽歙县定潭村来到北京，在崇文门外瓷器口的荣泰行茶叶店当学徒。他在前柜站台销售，学习与各种顾客打交道；在后柜拼配茶叶，学习与茶师和商人打交道。出徒后还帮老板记账管账，参与茶店经营管理，这些经历为他从事茶叶生意积累了经验，打下了基础。

1896年，张文卿离开荣泰行，开始独自创业。他在花市大街路南开张了自己的第一号买卖——张记茶摊。由于这里商铺密集，客流量大，很多客人来张文卿的茶摊喝茶，歇脚。渐渐地，张记茶摊就以热情待客、质优茶香、价廉物美而远近闻名。

1900年，张文卿盘下茶摊南面的三间门面房，开了他的第一个铺面——张玉元茶庄。"张玉元"三字中，"张"代表茶庄主人张文卿；"玉"字取自"玉茗"，寓意茶中之精品；"元"为"初始""第一"之意。

1900年8月14日，八国联军攻陷北京，张玉元茶庄所幸没有人员伤亡，只损毁了茶叶茶具。重新开业之后，张文卿决定在北京最繁华的前门外商区寻找新的立足点。

1908年，张文卿在前门外大栅栏西观音寺街路南的一间店面，挂起"张一元茶庄"的招牌，开了他的第二个茶庄。"张一元"三字仍取张文卿之姓，"一元"取自"一元复始，万象更新"，象征买卖永远兴旺发达，不会衰落。果然，张一元茶庄的经营很快就有了可喜的发展。1912年张文卿在北京大栅栏又开了第三个茶庄——"张一元文记茶庄"。"张一元"三字沿用了第二个茶庄的名号，"文"是张文卿名字中间一字。

1925年，张文卿亲自到福建开办茶场，选最好的茉莉花自己熏制，再依北方人的口味就地窨制、拼配，形成具有特色的小叶花茶。当时，该茶庄就设有电话和函购业务。凡买5斤以上茶叶者，均送货上门。这种经营方式使得张一元茶庄深得消费者的喜爱。

1931年，张文卿逝世，"张玉元茶庄""张一元茶庄""张一元文记茶庄"这3个茶庄开始由外姓人经营。

1952年，观音寺的张一元茶庄和大栅栏的张一元文记茶庄合并。

张一元文记茶叶盒

1992年，成立了北京市张一元茶叶公司。公司成立后，在京城老字号中第一个制定了张一元茶叶公司质量标准。

2006年、2007年连续两年被评为"北京十大商业品牌"；2007年，张一元茉莉花茶窨制工艺入选北京市市级非物质文化遗产保护名录。

2006年12月，张一元被商务部认定为"中华老字号"企业。

流　程

张一元的茉莉花茶系列是张一元的明星产品，它是以张一元福建基地生产的精制春茶茶坯为原料，选用上等的茉莉鲜花，严格按照张一元的加工工艺精制而成。

茉莉又名"莫离"，西汉时自印度传入福州，北宋年间，花茶的保健作用被充分认识，福州茉莉花茶因此诞生。到了清朝咸丰帝时期，福州茉莉花茶逐渐成为贡茶。

张一元所有的茉莉花茶品种，茶坯都是选用春茶加工而成，"汤清味浓、入口芳香、回味无穷"是张一元茉莉花茶的特色。

张一元茉莉花茶的窨制环节工艺很讲究，茉莉花要选用夏至到处暑之间的伏花进行加工生产，因为这段时间的茉莉花质量最好。

在茉莉花和茶坯都准备好后，就要进行花茶窨制，这种工艺可以让茶、花的味道合二为一。

花朵开放才吐香，不开不香，因此必须在茉莉花开放时使茶叶充分吸收它的香气。茉莉花是入夜开放吐香，所以花茶生产的窨花环节一般是在晚上。一个窨次的时间从前一天20时左右到第二天8时左右，一个窨次下来需要12个小时左右。

老同昌：香气浓郁品种全

徐州市老同昌茶叶有限公司，是一家有80年历史的老字号企业，始建于1927年。老同昌茶庄在经营上运用了一套生意经——视顾客为父母、视质量为生命、视招牌如名誉，因而生意蒸蒸日上，越做越大。老同昌主要经营高、中、低档花茶、绿茶、红茶、乌龙茶、白茶、黄茶等。

渊　源

河北冀县人王泽田，在北京馨茗茶庄当学徒，勤奋好学，逐渐精通经营业务，积累了一定经验和资金后，他自立门户，在河南开封开设"王大昌茶叶店"，由于经营有方，生意蒸蒸日上。他想扩大经营，就在附近几个县市开办了一些分号。

老同昌茶庄的牌匾

1925年，他派沈雨亭、马蕃周等人到徐州筹建分号，取名"同昌茶庄"，寓意与开封王大昌共同兴盛、繁荣。由于上下齐心，因此生意兴隆，财源茂盛。

1938年，徐州遭日寇飞机轰炸，多年兴盛的同昌茶庄变为一片瓦砾，资产化为乌有，人员散落各方。

1939年，同昌茶庄二掌柜马蕃周与店员赵紫青、张秉和、牛兰刚、马跃先合资一万元伪币，集资合股办店，利用原址残留的两间伙房恢复营业，由马蕃周任大掌柜，张秉和为二掌柜，与开封总店脱离关系，改"同昌茶庄"为"老同昌茶庄"。在日寇占领徐州期间，南方茶叶来源受阻，只好惨淡经营，维持生计。抗日战争胜利后，该茶庄以质优价廉、薄利多销为宗旨，苦心经营，业务得以维持。

中华人民共和国成立后，城乡物资交流空前活跃，老同昌茶庄得到了复苏和发展。

20世纪80年代，老同昌茶庄先后在沛县、丰县、贾汪及徐州市区等地开设了6个分庄，在鲁、皖、豫等省市县建立了100多个经销处。

1993年，老同昌茶庄被中华人民共和国国内贸易部认证为"中华老字号"。

流　程

老同昌茶庄为保证茶叶质量，从产地选购最好的茶坯和优花，严格执行操作程序。

过去，为了防止茶叶失真、串味、受潮，对上岗人员规定"六不准"：

不准吃有刺激味的食品；

不准浓施粉黛；

不准留长指甲；

老同昌的茶叶包装

不准将有潮气的雨具和有异味的物品带进柜台、仓库；

不准同一柜台出售其他商品；

不准在柜台分装茶叶（有专门包装房）。

如今，老同昌茶庄有一套健全的茶叶质量、物价、计量管理监督制度，还规定职工每半年体检一次。在为顾客服务方面也有若干规定，如常年坚持为行动不便的老人、残疾人送茶上门等。

乾和祥：手工拼配斗型装

乾和祥茶叶店是三晋久负盛名的老字号，始建于1918年。乾和祥茶庄的绝技——茉莉花茶融淬技艺被列入省级非物质文化遗产名录。喝好茶找"乾和祥"是太原百姓的口头禅，因为"乾和祥"是老百姓喝得起的放心茶。

渊　源

"乾和祥"的创始人叫王占元，河北省陶县人。北洋时期的陆军上将，湖北督军。他先后曾在天津面店街开办乾和公茶庄，在天津河北大街开设乾祥厚茶庄。1918年，又来到太原，出资6000元，开了乾和祥茶庄。乾和祥开业后，实行批零经营，也搞拼配加工。王占元亦官亦商，乾和祥获益颇丰，没几年工夫，便在山西众多茶庄中独占鳌头，到了20世纪30年代，更是辉煌一时，年销茶叶10万千克。可惜好景不长，日寇侵占华北，货源频频受阻，店里无茶可卖，乾和祥生意每况愈下。

中华人民共和国成立初期，太原乾和祥批零兼营，还搞配货加工。货源70%来自天津总号，30%从福建、浙江等地直接进货。因经营得当，乾和祥发展迅速，一时成为山西省最大的茶庄。

1956年公私合营后，乾和祥茶叶店从人员到经营品种都有一定的发展，该店公平买卖，谦让祥和，童叟无欺，为顾客所信赖。

1984年，乾和祥日常经营的茶叶品种多达100余种。

1987年，乾和祥茶叶店一度又增设了三个营销分店。

1998年，茶庄在国家工商总局注册"乾和祥"商标，成为第一批被认证的"中华老字号"企业。

2010年，茶庄被商务部重新审核认定为"中华老字号"企业。

2013年，乾和祥茶庄的茉莉花茶融淬技艺被列入山西省省级非物质文化遗产名录。

2016年，被国家文物局"万里茶道"列为申报世界文化遗产太原提名点。

流　程

"乾和祥"之所以成为百年老店，奥秘何在？主要是"要卖茶、三分雅"的古训和茉莉花茶融淬技艺的传承和发展，还有"斗型"手工包装的手手相传。

北方地区的茉莉花茶适合当地人的口味，但是南方茶区生产茉莉花茶各产区都有自己的特色，乾和祥茶庄将这些特质融合起来，制作成适合本地人口味的花茶，茉莉花茶的加工拼配成为乾和祥茶庄的"招牌"，延传至今。

旧时乾和祥的茶叶桶

乾和祥茶庄为了确保进货质量，每年新茶到季时，都要派专人到杭州、福建等茶乡去了解茶性，学习并掌握新的茶叶知识和技能。

茶叶拼配加工，即把各种长短、粗细、轻重、批次、质量和产地不同的、等级相当的原料茶相互拼和，使茶叶的各项品质得以提高的技术，具体而言，分为选料、感观审评、采成品小样、小样拼配、成品小样审评、做单、成品拼配、采成品大样、包装等9道工序。

斗型包装是茶叶加工后的最后一道工序，又分为拢茶、对折、打筒、折边、整型、卡包、捋型、封边、成型9个步骤。上述过程后，茶包成型加贴茶庄标签，就可以上柜台销售了。

正兴德：汤清色重香味浓

正兴德茶庄的茉莉花茶，不讲究外观，而以条索紧结、内毫显露、汤清色重、杀口耐泡、香气浓厚、茶味浓俨为特色。饮后令人爽心，回味无穷。它的茉莉花茶生产加工工艺被列入北京非物质文化遗产。

渊　源

从咸丰初年开始，韩、高、石、刘、穆、黄、杨、张八大家族成为天津公认的"八大家"，天津"八大家"中的穆家，是从清乾隆末年起，经过嘉庆、道光、咸丰、同治以至光绪等年代，逐渐发展兴旺，又逐渐败落。在穆家所有产业中，迄今为止唯一没有衰落的只有正兴德茶叶店一个字号。

正兴德茶庄创办人是穆文英。1738年，创办初期名为正兴号茶庄，1857年改为"正兴德茶庄"。该茶庄所售茶叶的包装纸上均绘有绿竹、行云、流水图案，加印"绿竹"商标。因其创始人是回族，信奉伊斯兰教，所以"正兴德"成了少见的清真茶庄。这也在很大程度上解决了穆斯林"喝茶难"的问题。

随着茶叶销量的逐年提高，正兴德制定了"大量生产、新法制造、直接采购、直接推销"的办法，就地收购，就地加工，然后运到

旧时正兴德的包装纸

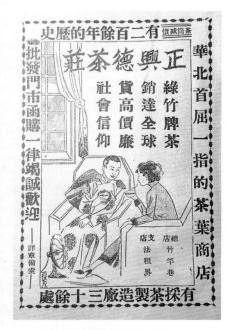

民国时期的正兴德广告

天津及所属分店、代销点出售。

在销售上，正兴德以"货高秤足、薄利广销、包装坚固、装潢美观"来吸引顾客。根据销售对象不同，正兴德把茶叶分为高利、一般和薄利多销三大类。对于只有绅商富户才能喝得起的红茶、龙井、普洱、乌龙等高档茶叶，他们采取高利策略，利润在一倍左右；富裕人家饮用、每斤售价在4.8元以上的茶叶，利润为50％；斤价在3.2元以下的茶叶，计利为30％；1元以下的，计利为20％；大众喜欢购买、价格在0.9元以下的茶叶，利润只有10％。

在激烈的市场竞争中，正兴德凭借过硬的茶叶品质生存了下来，并得到迅速的发展。到了20世纪30年代末，正兴德已积累资本百余万银圆，产品远销华北、东北、西北一带。

1955年1月，茶庄公私合营。1980年，正兴德恢复老字号，重新注册"绿竹"商标。

1982年，成立了北京正兴德茶叶有限公司，形成了生产、加工、销售一体化的老字号茶叶连锁经营企业。

1997年，正兴德公司改制为有限责任公司。

1999年，正兴德被认证为"中华老字号"公司。

2006年，正兴德荣获北京市商业名牌企业和北京市商业优秀特色店称号。同时，其茉莉花茶生产加工工艺被列入北京市非物质文化遗产名录。

流　程

正兴德的经营方针是"大量生产，新法制作，直接采办，直接推销，货高秤足，薄利多销，包装坚固，装潢美观"。穆家第三代穆时荣请人设计了"绿竹"商标，商标之意义："竹性坚节，中虚能容物，枝干不曲不折，而行云之高洁，流水之不息，为国产始终服务之原则。"1928年，绿竹茶在天津第一次国货展览会上获优等奖章。

正兴德茶庄选用福建的春茶为原料，精心加工熏窨，制成品质上乘的茉莉花茶。相比于广西茉莉花茶，福建茉莉花茶香气浓郁而悠长，久久不散。福建茉莉花茶泡饮鲜醇爽口，茶色黄绿明亮，叶底匀嫩晶绿，经久耐泡。正兴德于福建省产茶区建立了自己的茶叶基地，延续了"福建茶坯、福建茉莉花、福建当地窨制"这一原则。

正兴德的茉莉花茶通常是100斤茶需放160斤茉莉花进行窨制，窨制4到5次才能成型。这样制作的茶叶即使3杯过后依然留有醇厚的茉莉花香。

方回春堂：制膏技艺展风彩

杭州方回春堂创建于顺治六年（1649年），因为创始人方清怡，字"再春"，寓"回春"，故将自己的药号命名为"方回春堂"，以期"逢凶化吉，妙手回春"。方回春堂以精制中成药的各种丸、散、膏、丹而闻名于世，特别是秘制小儿回春丸，在江南一带妇孺皆知。

渊　源

杭州方回春堂，是中国最古老的国药馆之一。1649年，钱塘籍人士方清怡创办了国药号"方回春堂"。方清怡出身中医药世家，精通药理。方回

方回春堂自办的刊物

春堂自创立之初，就严谨遵从古代良方，择料讲究，精选各省最好的药材，选工尽善尽美，煎虎、鹿、龟、驴各种补胶，依法炮制各种丸、散、膏、丹。尤其是家传的小儿回春丸，救助幼儿无数，更是名动天下。

民国初期，随着政局动荡，方回春堂停止批发业务。

抗日战争胜利后，方回春堂在经历了很长一段时间的恢复后，才慢慢有了生气。

中华人民共和国成立，方回春堂继续进行药材批发生意，生意十分清淡。

1956年，公私合营国有化，方回春堂并入了杭州医药站。

2000年，方回春堂出资整缮原址店堂。2001年10月，方回春堂国医馆重新开馆。

2006年，方回春堂荣获"中华老字号"称号。

2007年，方回春堂传统膏方制作工艺被列入浙江省非物质文化遗产名录。

流　程

方回春堂一直保留着传统的中药炮制技术。如传承千年的膏方工艺，采用百年铜锅，经浸、煎、榨、化、滤、熬、收等几大流程。方回春堂的传统膏方制作技艺在2014年被列入国家级非物质文化遗产代表性名录。

制膏流程有严格的步骤，一料膏方从开方到熬制罐装，大概需要48小时。方回春堂出售的膏方包括两类，一类是十全大补膏等统一处方的膏方，这类膏方很多药号都能制作，各药号之间区别不是很明显。另一类是量身定制的膏方，也就是"一人一方"，这是方回春堂传统技艺之一。

1. 备料

按照一张张处方，先准备一袋袋的草药，少则五六千克，多则10千克。其中名贵的中药被称为细料，需要与一般药材（大料）分开存放。

2. 浸泡

药物和匀，置铜锅，清水完全浸泡，浸泡6小时以后煎头汁，二、三汁的加水量为药料的6倍左右。浸泡的时间，因药物不同而不同。

3. 煎煮

煎药要煎透。头汁煎煮1.5小时以上，二汁1小时以上，三汁半小时以上，先用大火将药液煮沸，再用文火煎煮，保持微沸。药液都应用筛网过滤，最后压榨取汁。滤液混合后使之沉淀，取清液，再用80至100目的筛网过滤。

4. 沉淀

筛网过滤后的头汁、二汁和三汁，需沉淀6小时以上，去除沉淀物，并使三道煎汁得以充分混合。

5. 熬膏

过滤后的药液应放在洁净的铜锅内，小火煎发浓缩，不断搅动，防止焦化，直至形成稠膏状，趁热用竹片取浓缩的药液滴于干燥皮纸上，以滴膏周围不见水迹为度。40到60千克的药汁，最后被煎成不到1千克的浓膏。

6. 罐装

方回春堂膏方的包装分两种，一种是家里放的罐装膏方，一种是可以随身携带的袋装膏方。

同仁堂：制药存心有天知

北京同仁堂是全国中药行业著名的老字号，创建于1669年。历代同仁堂人始终恪守"炮制虽繁必不敢省人工，品味虽贵必不敢减物力"的古训，制药过程中兢兢业业、精益求精，其产品以"配方独特、选料上乘、工艺精湛、疗效显著"而享誉海内外。

渊 源

同仁堂创办于清康熙年间，创办人姓乐，是浙江宁波人，祖上早在明永乐年间就来到北京，几代人都是以行医卖药为业。最初以摇串铃走街串巷行医、卖小药维持生活。其后世乐显扬当了太医院吏目，康熙八年（1669年）创办"同仁堂药室"，以"制药一丝不苟，卖药货真价实"为宗旨，药方来自民间验方、宫廷秘方。

其子乐凤鸣接续祖业，1702年迁铺至前门大栅栏路南，总结前人制药经验，完成《乐氏世代祖传丸

同仁堂过去做的广告宣传单

散膏丹下料配方》一书，明确提出了"遵肘后，辨地产，炮制虽繁必不敢省人工，品味虽贵必不敢减物力"的训条，树立"修合无人见，存心有天知"的意识。

过去的同仁堂包装盒上的文字

1723年，清雍正帝钦定同仁堂供奉清宫御药房。自制名药有安宫牛黄丸、牛黄清心丸、乌鸡白凤丸等。

由于同仁堂的名气大，外地的一些商人也将自家药店改名"同仁堂"，为此在咸丰、同治年间，官府特地下告示，声称对冒同仁堂之名开办药店者一律治罪。

每年冬天，同仁堂都要开办粥厂，使那些饥寒交迫的贫民勉强能够糊口。此外，同仁堂还施舍棉衣给那些衣不蔽体的穷人。每年夏天同仁堂则向穷人发放一些治疗及预防中暑的药。

1900年，八国联军入侵北京期间，同仁堂的损失很大，后来经乐印川妻子许氏的努力，同仁堂逐渐得到恢复。

中华人民共和国成立后，同仁堂获得新生，成为北京最大的中药店，全国四大药店之一。

1989年，同仁堂荣获"中国驰名商标"称号。

流　程

从开业之初，同仁堂就十分重视药品质量，并且以严格的管理作为保证。300多年来，同仁堂为了保证药品质量，坚持严把选料关。例如，制作乌鸡白凤丸的纯种乌鸡由北京市药材公司在无污染的北京郊区专门饲养，饲料、饮水都严格把关，一旦发现乌鸡的羽毛骨肉稍有变种、蜕化即予以淘汰。

同仁堂生产的中成药，从购进原料到包装出厂，总共有上百道工序，加工每种药物的每道工序，都有严格的工艺要求，投料的数量必须精确，各种珍贵细料药物的投料误差控制在微克以下。例如犀角、天然牛黄、珍珠等要研为最细粉，除灭菌外，要符合规定的罗孔数，保证粉剂的细度，此外还要颜色均匀、无花线、无花斑、无杂质。

代顾客煎药是药店的老规矩，在1985年，当时每煎一服药就要赔5分钱，但药店为方便群众，把这一服务于民的做法坚持了下来。现在药店每年平均要代顾客煎药近2万服。

胡庆余堂：丸散膏丹胶露油

"北有同仁堂，南有庆余堂"，杭州的胡庆余堂是胡雪岩创办的，被称为"江南药王"。胡庆余堂地处杭州，以各种古方、验方和秘方为基础，精心调制庆余丸、散、膏、丹、胶、露、油、药酒方达400多种，至今信誉声名远扬。

渊 源

胡雪岩，名光墉，杭州人。因力助左宗棠有功受朝廷嘉奖，封布政使衔，赐红顶戴、紫禁城骑马。除经营钱庄外兼营粮食、房地产、典当，还进出口军火、生丝等，后又创办胡庆余堂国药号。

胡雪岩在光绪四年（1878年）亲笔跋文的"戒欺"一匾，高悬于厅堂，被奉为店训，意思是要多予少取，先予后取。

"戒欺"反映在生产上就是"采办务真，修制务精"。"采办务真"的"真"，指入药的药材一定要"真"，力求"道地"，从源头就优选药材质地；"修制务精"的"精"是精益求精，其意是员工要敬业，制药精细。

在经营上，"戒欺"的体现是"真不二价"，向顾客正言胡庆余堂的药童叟无欺，只卖一个价。胡雪岩还把"顾客乃养命之源"写入店规，教育员工把顾客当作衣食父母。

胡庆余堂的招牌

胡庆余堂一直经营有道，但数易其主。

浙江慈溪鸣鹤村人俞绣章，1930年进杭州胡庆余堂任协理，1934年被股东会提升为经理。他在胡庆余堂担任经理期间，继承了创始人胡雪岩"采办务真，修制务精""戒欺"等经营方针，在保持胡庆余堂名牌传统特色方面起到了积极作用。

1937年12月，日本侵略军在宁波金山登陆，胡庆余堂解散。

1938年11月，胡庆余堂复业，但营业状况不佳，入不敷出，内部负债高达百万元，企业面临危机。俞绣章在经营管理上采取了一系列决策，并号召职工"忍耐现在，优遇将来"，得到了职工的响应，使企业出现转机，扭转了资不抵债的局面。

1948年，国民党政府实施"八一九"限制政策，胡庆余堂遭抢购而损失惨重，又一次陷入困境。

1955年9月，俞绣章带领胡庆余堂成为全市商家中第一家实行公私合营的企业。

1958年，杭州叶种德堂并入胡庆余堂，改名为"公私合营胡庆余堂制剂厂"，隶属市商业局领导，"古医"商标正式批准注册并使用。

1959年，更名为"公私合营胡庆余堂制药厂"，随后划为省属企业。

1963年，厂名改为"杭州胡庆余堂制药厂"。

1972年，杭州中药厂一分为二。胡庆余堂改称"杭州中药一厂"。

1996年底，胡庆余堂加入青春宝集团，成为其全资子企业。

2001年，胡庆余堂率先开设"名医馆"，成立胡庆余堂国药号，提出名店、名医、名药相结合的经营发展之路。

2002年初，"胡庆余堂"荣获中国驰名商标。

2006年，胡庆余堂中药文化入围首批国家级非物质文化遗产名录，国药号也被商务部认定为首批"中华老字号"。

流　程

中成药制作十分注重炮制，而炮制技能恰是中药之精华所在。炮制分为：修制（纯净、粉碎、切制）、水制（润、漂、水飞）、火制（炙、烫、煅、煨）、水火共制（煮、蒸、炖）等，胡庆余堂历来讲究遵古炮制，凡学徒进门头3年，必先经过学"炮制"这一关。如麻黄要去节、莲子要去芯、肉桂要刮皮、五倍子要去毛等，已列为制作规矩。

胡庆余堂对药材"采办务真、修制务精"。全厂原药仓

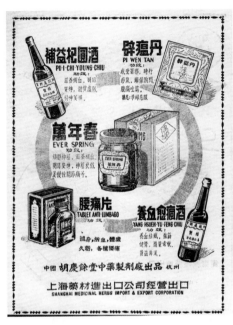

胡庆余堂的老广告

库、细料仓库、半成品仓库等各主要部门都安排了经验丰富的老药工分兵把关。

在制作中，胡庆余堂一直坚持遵古炮制传统，精细制作。如用途很广的常见中药大黄，药材上的大黄皮是非药用部分，胡庆余堂每进一批大黄，均要安排人手将来料上未除尽的大黄表皮剥去，即使是一些表面凹陷、裂隙处也得仔细地一一剔除表皮才付药用。正因为他们对品质的坚持，所以赢得广泛认可。

潘高寿：铁锅木柴土炉火

广州潘高寿药业股份有限公司，始建于清光绪十六年（1890年），是国务院首批认定的"中华老字号"，主要生产止咳川贝枇杷露、蛇胆川贝液、蛇胆川贝枇杷膏、蜜炼川贝枇杷膏等，产品经销海内外，深受消费者的信任和青睐。

渊　源

公元1890年，广东开平人潘百世、潘应世兄弟在广州开设药铺，起名为"长春洞"。主要经营各种蜡丸，他们宣传蜡丸有"药到回春""延年益寿"的药效，还在店铺前挂起"长春洞潘高寿蜡丸"的招牌，以招徕顾客，这就是潘高寿牌子的由来。

潘氏兄弟于20世纪20年代初先后去世，药铺由潘百世之子潘逸流、潘应世之子潘楚持共同经营。没多久，潘逸流、潘楚持相继离去，药铺交由潘百世的四子潘郁生经营。因为广州爆发辛亥"三二九"起义，长春洞药铺毁于战火。潘郁生在其他街铺设店，重新营业。

辛亥革命后，西医西药逐渐占领市场，长春洞潘高寿传统中药蜡丸营业额因此一落千丈。潘郁生决意另辟蹊径，他看到南方气候炎热多雨，人们易患伤风咳嗽，当时市面销售的枇杷露止咳疗效不显著，于是他将具有润肺镇咳作用的川贝母和有祛痰作用的桔梗与枇杷叶一起熬炼。为消除病人怕吃苦药的心理，还在药液中加上香料和糖浆，将汤剂改为糖浆剂。为使该剂耐久存放，又吸取了西药制剂方法，加进了苯甲酸等作防腐剂。新药制成后，定名为"潘高寿川贝枇杷露"。

潘郁生为扩大宣传，以父亲潘百世的真像和自己的画像为商标，并特意

潘高寿的商标

在自己的像旁注明"潘四叔创制"（潘郁生又名潘四叔），印成精致的包装盒，使人容易辨认。

潘郁生还通过报章广做宣传，并到处张贴广告，使潘高寿川贝枇杷露声名鹊起，几年间便成为家喻户晓的止咳药，随着潘高寿川贝枇杷露走俏，1929年，潘郁生正式树起潘高寿药行招牌，专营枇杷露。

1956年，实行公私合营，潘高寿药行与生产止咳枇杷露、止痛散、济众水的大同成药社和生产白萝仙咳水及丹杜莲皮肤水的中华成药社合并，组成"公私合营潘高寿联合制药厂"，产品以各合并厂原有的止咳糖浆为主，将川贝枇杷露作为主体产品。

1964年，潘高寿药厂划入广州市化工局属下的中药总厂。

1974年，中药总厂撤销，潘高寿药厂并入市医药工业公司，直到1981年才恢复广州潘高寿药厂厂名。

1992年12月26日，潘高寿成立股份有限公司。

2008年，潘高寿传统中药文化入选国家级非物质文化遗产名录。

流　程

潘高寿的主要产品是蛇胆川贝枇杷膏，也是其公司首创产品，由名贵中药蛇胆汁和川贝母等制成，其中蛇胆汁清肺化痰，祛风镇咳；川贝母清热润肺，止咳化痰；枇杷叶清肺化痰；桔梗宣肺祛痰利咽；半夏燥湿化痰；薄荷脑透表利咽，共奏清肺润燥、化痰止咳、辛凉透表之功。蛇胆川贝枇杷膏不仅可用于风热咳嗽、温燥咳嗽、虚劳肺燥咳嗽所见之咳喘气促、咯痰不爽、痰黄质稠等症，相当于西医之上呼吸道感染、急性支气管炎、肺炎等症候，还可用于烟酒过多之喉痒干咳、咯痰不爽。

陈李济：同心济世长发祥

陈李济是我国现存最古老的中药企业之一，被英国吉尼斯世界纪录认定为"全球最长寿制药厂"。陈李济内部有句"三老"名言——老字号、老地方、老产品。不过，陈李济不"倚老卖老"，而是活力四射，常变常新。它创造的蜡壳药丸的制作工艺，一直到后来都被全国制药业广泛应用。

渊　源

相传，广东省南海县（今南海区）人李升佐，在广州经营一间中草药店。一次，他在码头发现一包银两，苦候失主，最后把银两归还失主陈体全。陈体全万分感激，就拿出一半银两投资李升佐的中草药店，两人立约："本钱各出，利益均沾，同心济世，长发其祥。"并将草药店取字号"陈李济"，寓意"存心济世"。

1650年，陈李济创制乌鸡丸，该产品后来衍生出御用名药乌鸡白凤丸。

到了清代，同治皇帝因服陈李济的"追风苏合丸"，药到病除，称其神效。由此，以"杏和堂"为商号的广东陈李济，更名噪大江南北。

康熙年间，"陈李济"首创蜡壳药丸剂型。

光绪年间，"帝师"翁同龢又为之题写"陈李济"店名。

民国初年，颁布商标法，陈李济注册"杏和堂"商标，沿用至今。

1954年，公私合营时期，以陈李

陈李济的标识

注册 商標

陳李濟藥廠

附桂理中丸

成分：乾薑　白朮　附子
　　　防黨參　甘草　肉桂

功　能：健胃，溫中，散寒。
主　治：胃腸衰弱之腹痛吐瀉，
　　　　中寒氣滯，寒咳痰多。
用法用量：每服一丸，用開水送服。
禁　忌：感冒發熱勿服。
重　量：每丸一錢八分。
證照：中央工商行政管理局商標註冊證第1362號

公私合營陳李濟聯合製藥廠出品
廠址：廣州市永漢北路18號
電報掛號：5314

陈李济的老广告

济为主厂，先后并入神农、万春园、伟氏、冯致昌、何弘仁、燮和堂、橘香斋等7家药厂，一家甘泉药社，一家大生合记蜡店，组成"广州陈李济联合制药厂"。

1958年，陈李济首创补肾名药壮腰健肾丸。

1981年，联合国教科文组织将陈李济药厂的蜡丸生产工艺作为文化遗产拍成纪录片，向世界推广。

1993年，陈李济获国家首批"中华老字号"称号。

2008年，陈李济中药文化入选国家级非物质文化遗产目录。

流　程

陈李济因诚信立业，世代传承"同心济世，长发其祥"的制药宗旨，于清初首创、制售的蜡壳丸，首开中药包装工艺先河。至今，陈李济大活络丸、壮腰健肾丸等名优产品仍然保留着蜡丸剂型。

陈李济始终以坚守"古方正药、真材实料"为基础。如鹿茸、人参必选东北地道药材，还有化州橘红、德庆何首乌、肇庆芡实等，均选上乘。民国初年陈李济的方单（药品说明书）载："本药行创设三百余年，所制各项丸药，悉遵古法及家传良方，采药必选地道，配制务依法规，是以按方服用，无不有效。"若市面药行、药栈供货难以满足要求，则派人到产地直接采购；平日备料不足，宁可停产；工艺再繁复，也不减少任何一道工序。

陈李济目前主要生产中药口服固体制剂，剂型有传统的丸剂和现代的胶囊剂、片剂、颗粒剂、滴丸剂等，"龙头"产品——壮腰健肾丸已遍销全国。

敬修堂：敬业修明广施药

广州敬修堂公司始创于1790年，最初为浙江商人钱树田所创办。1992年12月，改制为股份有限公司，该公司生产风湿跌打类药品由来已久，早先以生产各种治疗风湿跌打类丹、膏、丸、散为主业，跌打万花油是其代表性产品。

渊 源

清乾隆年间，浙江慈溪商人钱树田是个医生，会自制丸、散、膏药，一次，他用回春丹治好一富商的儿子，富商为了表达感激，就资助其开办药厂。1790年，敬修堂钱树田中药厂在广州城南门挂牌营业，初时经营的园田牌药品以回春丹、如意膏为主。钱树田取名"敬修堂"，寓意"敬业修明、普济众生"。钱树田又自取商标"园田牌"。

钱家抱着"扶危济困，解民疾苦"的办厂宗旨，凭借从钱树田先生所传及各方收集的秘方，从配方、选料、制作都是精心炮制，尤其是回春丹、宝婴丹、如意膏等产品，深受病患的推崇与喜爱。到了清道光年间，敬修堂生产工艺和管理日渐改进，成为在中外享有一定声誉的中成药厂。

1956年，国家开始对私营企业进行社会主义改造。上级主管部门决定以"敬修堂"名牌老厂为基础，先后将万灵堂中药厂、张安昌中药厂、邓可安佐寿堂药店、黄贞庵药局等八家私营企业和邓俊庭、岐芝堂等14家个体企业并入，组成了颇具规模的"广州敬修堂联合制药厂"。

1958年，敬修堂联合制药厂首次使用锅炉，广泛应用在开膏药、蒸制药材、浓缩提炼药物等一系列中药炮制生产过程中，是广州中成药行业最早使用锅炉生产的企业。

改革开放后，经广东省卫生局、省工商行政管理局、省医药管理局批准

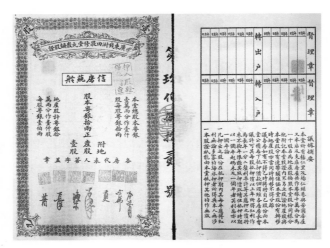

广东钱树田敬修堂丸散铺股证

恢复"敬修堂药厂"的厂名，同时恢复"园田牌"商标。

1993年，敬修堂跻身中国百家最大制药企业行列。

1994年，敬修堂经济效益位居中国制药工业企业前10名。

2012年5月，按照广药集团一体化发展战略要求，由"广州敬修堂（药业）股份有限公司"更名为"广州白云山敬修堂药业股份有限公司"。

2018年，敬修堂获得"广东省安全文化示范企业"称号。

流　程

敬修堂生产风湿跌打类药品由来已久，跌打万花油就是其中的代表。

广州敬修堂的跌打万花油的创始发明人是蔡忠。蔡忠为清末广东伤科名医，清同治五年（1866年），他前往新加坡谋生，在街边卖艺并行医济世。在异国目睹华人受欺凌之苦，看到当地华人多做苦力患跌打骨折外伤较多而付不起昂贵的药费，决心继承前人医药经验，总结多年行医的实践，在传统的中药上创制一种便宜的骨伤科外用药，为劳苦百姓造福。

他吸收民间良方精华，集各骨科名家所长，于同治十二年（1873年）研制成功，定名为跌打万花油。此药经济实惠，携带、使用方便，药效神速，不但在新加坡成为抢手货，还畅销东南亚各地。

抗战时，广州沦陷，日本人为了医治伤兵，多方寻找蔡忠，欲逼他交出配方。蔡忠设法避开日寇，暗中把处方献给敬修堂药房，以便让名药造福后人。后来，《广州市志》有载："广州历史上生产纯中药油的厂家是敬修堂药厂，其中销量最大的是跌打万花油。"

跌打万花油由苏木、桃红、红花、田七、骨碎补等86味中药材制成，具有活血化瘀、消肿止血、行气止痛、收敛生肌的功效，对治疗跌打损伤、火伤烫伤、刀伤出血具有显著的作用。

寿全斋：炮制地道药精粹

宁波寿全斋药店创设于清乾隆二十五年（1760年），寿全斋中药遵古法炮制，采用紫铜锅、铁船、锡盘、瓷盅等工具，精制各种膏、丹、散、丸、露、饮片、补酒和其他药酒，其独特的制剂方法和严谨的经营风格可概括为4个字："正、证、精、真"，200多年来在宁波民间和同业中享有盛誉。

渊　源

寿全斋是由王立鳌和孙将壳开创的。两个人因同考举人相识而成为莫逆之交。后来经过酝酿，决定合作经营药业，开店取名"寿全斋"。

20世纪初，寿全斋成立了股东会。1931年，成立了董事会，直至中华人民共和国成立。1956年，寿全斋接受社会主义改造。

2012年，上海寿全斋电子商务有限公司成立，以网络营销为主要经营模式。

流　程

寿全斋遵循"货真价实""尊古炮制"的传统经营方针，始终不渝，可以用"正、证、精、真"4个字来概括，即进料做到药源路正，储运做到质量和品种两个保证，加工做到道道精粹，撮药做到味味认真。

1. 进料

同一品种的药材，却因地而异。寿全斋所进货源路正，严格要求符合规格。比如：

川连分福、禄、寿三级，专进福字级。

川朴分正朴、脑朴、根朴三朴，专进正朴。

附子，为了防止变质，都用咸卤浸过，进货后，要用清水浸漂七天七夜，然后再用开水煮熟。

蛤蚧，有5对、10对、15对、20对起斤的各级，寿全斋专进5对起斤的，每对尾要完整，不能有些微损伤。

…………

2. 储运

储运不仅要保证不变质，还应保证样样齐全。寿全斋切实做到了"三不""一全"。"三不"就是不霉，不烂，不受潮。为了保证"三不变"，实行分工负责到人制。"一全"，就是保证药物品种齐全，做法采用一成一备模式，就是每一品种，既有成品，又有备料。

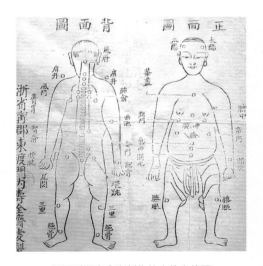

民国时期寿全斋制作的人体穴位图

3. 加工

加工分切制和制剂两种。

切制指的是药材从材料到成品，都要经过加工切制。对切制要求，如片子要切得越薄越好，因为片子如果太厚，煎药时就不能和其他药物同一时间煎出药汁，从而影响药效。

制剂，各种丸、丹、膏、散，做到选料纯粹，制造精细。比如鹿角胶，取东北产的四叉角，一般长度要求5厘米。先用皂果汁清洗，再敲碎，煮煎五日五夜，再结胶。

4. 撮药

接方撮药最需要认真。寿全斋对撮药有制度规定，营业接方，专职校对。方法上采取分戥递减，即在接方撮药称两时，如一张处方要撮药五帖，其一味用三钱，就一次称一两半，分配第一帖三钱后，一定要复准戥中尚存的一两二钱。这才再依次递减到第五帖，保证每帖每味配药量的准确。对每一味药，都要分开，由专职检验校对无误，在处方上签章后，方可包装。

马应龙：八宝眼药薪火传

马应龙创始于1582年，创始人马金堂（回族）于河北定县开办小型眼药铺，后迁往北京，创制"八宝"眼药。400多年来，马应龙品牌薪火相传，生生不息，先后荣获多次国家级嘉奖，产品在东南亚华人中享有盛誉。

渊　源

马应龙的创始人马金堂出生于河北省定州一个知识分子家庭。他在青年时代对医学内外妇儿诸科皆有一定的研究，尤以眼科见长。后经潜心研究，总结多年临床经验，自制成药，取名"定州眼药"。最早在定州开办小型眼药铺。后来，马金堂的继承者马应龙，将"定州眼药"更名为"马应龙定州眼药"，正式投放市场。

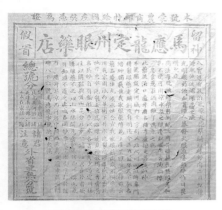

过去的马应龙眼药广告单

清道光年间，定州眼药传到了马应龙的后裔马万兴手中。为了开拓市场，马万兴带着眼药，在北京前门附近准备开店，坚持一段时间后，随着患者的口碑相传，马应龙眼药赢得了北京地区消费者的信赖。当时北京人的顺口溜是："身穿瑞蚨祥，脚踏内联升，头顶马聚源，眼看马应龙。"

后来，马万兴把自己的绝技传给胞弟马生德的长孙马歧山。20世纪初，南方眼药市场几乎一片空白，需求量增加，为了适应形势发展，马歧山将汉口作为南方经营中心。1919年，马歧山在武昌租店卖药，很快生意兴隆。马歧山长子马惠民从小耳濡目染，很快就掌握了马应龙眼药制作技艺的精髓。到中华人民共和国成立前夕，他慢慢挑起了药店经营的大梁。

1952年，马应龙眼药店改为马应龙眼药厂。

1956年公私合营，马惠民任厂长。1964年又迁往武昌南湖。1966年更名为武汉第三制药厂。

1982年，马惠民又率领科技人员，根据家传秘方，研制出"马应龙麝香痔疮膏"，销往加拿大、美国、德国、新加坡等国家和我国香港地区。

2011年，马应龙眼药制作技艺入选国家级非物质文化遗产名录。

流　程

马应龙以眼药闻名，其八宝眼粉以名贵中药材入药，组方严谨，配伍精妙，从八宝眼粉改进而来的马应龙八宝眼膏已被列入国家基本药物目录。马应龙八宝眼膏包括麝香、牛黄、琥珀、珍珠、冰片、炉甘石、硼砂、硇砂等八味中药，又称"八宝古方"。

马应龙眼药制作技艺流程复杂，工序细腻，对外界绝对保密。曾有某些药厂"如方炮制"，屡试屡败，无一成功。

马应龙大膏方不仅价格亲民，而且流程严谨，工艺高超。煎药所用之水为医用级纯净水。熬制的器皿均是耐酸碱性好、抗腐蚀性强的紫铜锅。将药材放入锅中后，倒入相比于药材8倍的水用大火煎煮。根据药材的不同情况，煎煮3到4个小时，将煮出的药汁儿清出后继续倒水煎煮，这样的程序要持续3到4遍。算出的药汁集中沉淀后再进行过滤，将澄清的药汁用文火进行10个小时的浓缩，并不停地搅拌，直到"滴水成珠"的清膏出现。最后加"蜜"，马应龙所加的蜂蜜并不是普通的蜂蜜，而是经过炼制达到一定要求的"炼蜜"。将清膏与蜂蜜混合，最终制作成马应龙大膏方。

宏济堂：九提九炙好阿胶

济南宏济堂始建于1907年，创始人乐镜宇。他将阿胶原来三昼夜熬制延长为九昼夜精炼，清除了阿胶原有的腥臭味，所产阿胶清香甜润，深受人们喜爱。1915年，宏济堂阿胶获得巴拿马国际博览会金奖，产品远销南洋地区和日本等国家。

渊　源

1902年，乐镜宇到济南任候补道。1904年适逢他的相识杨士骧任山东巡抚。杨士骧交其筹办山东官药局并担任总办。1907年2月，山东官药局"经费不敷，概行停办"，再加上杨士骧从山东巡抚升任直隶属总督。乐镜宇审时度势，出银2000元，取得山东官药局的所有

宏济堂的牌匾

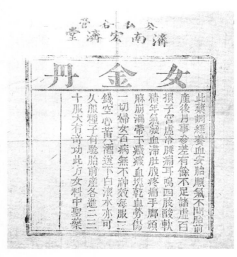

宏济堂女金丹药标

权,更名为"宏济堂"。

宏济堂初期营业不振,资金短少,许多珍贵药品如犀羚解毒丸、羚翘解毒丸等,都无力购料配制。直至1921年才得以大批购进珍贵原料,营业状况逐渐好转。

1912年,乐镜宇在济南东流水街办起宏济堂阿胶厂,独创"九昼夜提制法",生产出独具特色的阿胶12种,行销我国上海、广州、浙江、福建等省份以及日本、东南亚各国,阿胶市场几为宏济堂所占。1914年,所产阿胶获山东省展览会最优等金牌褒奖。1915年获巴拿马国际商品博览会优等金牌奖和一等银牌奖。

1922年,乐镜宇在舜皇庙街栈房原址建新药制造部,取名"宏济制药厂"。

1955年7月,宏济堂纳入公私合营企业。

2017年,宏济堂荣获"2017年度山东省两化融合优秀企业"荣誉称号。

流 程

宏济堂采用"九提九炙"炼胶工艺,所产阿胶色如琥珀、甜脆适口、味道清香,疗效更为显著。

宏济堂手工古法"九提九炙"炼胶技艺其核心在于选料的地道、工序的严谨和火候的掌控。宏济堂将"九提九炙"制胶工艺细化成300多道工序,明确每道工序的操作标准。

在选材上,宏济堂阿胶精选年龄3到8岁,身高1.35米以上的德州黑驴整

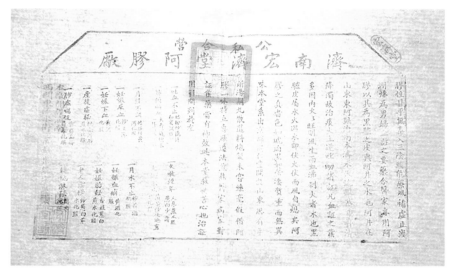

公私合营济南宏济堂阿胶厂药标

皮；材料选购上始终坚持不是一等货不要、陈货不要、有杂质的不要、非药用部分不要、产地不是最佳的不要的选材原则，严把品质关。

济南乃济水泉涌之地，济水为阿胶正宗用水，济南的泉水是最优等的熬胶好水。由于水质重，在熬煮过程中，也便于去除驴皮中的杂质，使胶质纯正，色如琥珀，易于人体吸收；并且用此水熬制的阿胶，历经炎夏酷热也不变形、变质。

"九提九炙"炼胶工艺具体操作程序可简单概括为："冬至剥毛，惊蛰起灶，铜锅银铲，桑柴火烧，九提九炙，九昼取膏，工序九九，繁而不少，春分阴曝，立夏成胶。"这种工艺在熬煮化皮后，增加了胶汁冷置沉淀三至四天的工序，利用胶汁的一热一凉，蒸发散佚胶汁中的腥秽气味，同时撇净含有杂质的胶沫，以利于胶的提清。

信远斋：清凉爽口酸梅汤

北京信远斋始建于清乾隆五年（1740年）。信远斋酸梅汤，入口酸、甜、香、凉，沁人心脾，由于真材细作、货真价实，产品声誉历久不衰，在消费者中享有很高声誉，是集养生和饮用为一体的民族传统饮料。

渊　源

酸梅汤是中国传统的夏令饮料，它的历史可以追溯到很早以前。据说商周时期，我们的祖先就知道用梅子提取酸味作为饮料。《礼记·内则》有关于以梅作饮料的最早记载。宋代以后，梅汁饮料出现在市场上。《武林旧事》述及南宋时期杭州有卖"卤梅水"的，比较接近于酸梅汤。

酸梅汤的原料是乌梅、桂花、冰糖、蜜4种。到了清朝，皇宫御膳房已备有专门制作酸梅汤的原料，一入伏便开始制作，被称为"清宫异宝御制桂花酸梅汤"。徐凌霄的《旧都百话》中说："旧时京朝大老，贵客雅流，有瑜工夫，常常要到琉璃厂逛逛书铺，品品古董，考考版本，消磨长昼。天热口干，辄以信远斋梅汤为解汤之需。"当时，信远斋的酸梅汤全国闻名。

信远斋商标

信远斋的秘方源自清朝宫廷，原址在北京东琉璃厂，创办人姓肖（一说姓刘）。该店两间铺面卖货，后院作坊加工，自产自销。夏季经营清凉饮料酸梅汤，入秋加工各种蜜饯，冬季自制糖葫芦等。由于精工细作，货真价实，产品声誉

过去夏日里街边卖酸梅汤的商贩

历久不衰。

　　1948年，由于市场萧条，信远斋被迫歇业。1956年以后，在北京市政府积极扶持下，信远斋新建了厂房，门市部仍在原址，请回原来的技术工人，恢复了老店的生产经营。不久，因生产改组一度合并到东城区小食品厂，改名为"益都食品厂"。1984年恢复了"信远斋"的老字号。

流　程

　　信远斋制作食品的原料，挑选极为严格。如酸梅汤、酸梅糕，选用浙江、福建和广东出产的优质乌梅，做蜜饯的海棠选用"八愣"的白海棠，白糖选用"头层"绵白糖。

　　生产过程中，坚持按配方下料，严格按规程操作。

　　制作酸梅汤，要根据气温灵活掌握，天热时就要酸一点，天凉时就要甜一点，其方法是：

　　经过定温、定时浸渍，过滤、加热，适当放入桂花、冰糖等辅料。

　　酸梅汤要求色泽金黄，幽香四溢，清凉爽口，饮后挂碗（碗内附着一层汤汁）。

制成酸梅汤后，再经浓缩加工成酸梅卤，达到色泽黑红透明、花香浓郁、酸甜可口的要求。

龙门：浓郁芳香酸味柔

北京市龙门醋厂始建于清嘉庆年间，龙门醋以优质大米为主要原料，其在工艺、质地、色泽、口感上有显著的地域特色，浓郁芳香、酸味柔和、澄清透明，有"清如酒、亮如油"的美称。1993年，龙门醋厂被授予"中华老字号"称号。

渊 源

龙门醋厂原称龙门醋坊，始建于清嘉庆二十五年（1820年）。其址在河北省龙关县城（现属于赤城县）。当年，龙关县有位姓齐的业主，看中此处的优越自然条件，便在这里开设了酒坊，以烧锅酿酒为主，同时兼制醋的作坊，前店后厂。当时龙门自己踩大曲所生产的大曲，除了够烧酒用，剩余部分就来做醋，每年生产一次。

因山上有"龙门"，河中有鲤鱼，借"鲤鱼跳龙门"之意，取名"龙门醋坊"，祈望借水发财。齐家既是东家，又是掌柜。

"龙门醋"历经沧桑，多次易主经营，但仍保持了传统酿造工艺，直到1946年。

1947年，龙门醋厂为扩大股东经营规模，1950年增加了股东和资本，生产设备都是小缸，手工操作，采用传统固态发酵法，操作细致，醋醅子成熟率好，醋香味浓。由于龙门醋质量好，名声大，1953年被北京市供销合作社指定为唯一的加工订货单位。

1957年，公私合营，龙门醋厂与万成醋酱厂等23家作坊合营，建成具有一定规模的制醋工厂，命名为北京市龙门醋厂。

1958年，龙门醋厂实现了以池子代缸生产的新设备，结束了几千年传统制醋用缸的方式，提高了劳动生产率，减少了厂房占地面积，提高了产量，使年产量达到1200吨，部分产品直接供应中央机关和宾馆饭店。

过去的北京龙门醋老商标

1972年，龙门醋厂率先试验了先稀后固生料制醋，在传统的熟料制醋工艺的基础上，减少了蒸料工序，节省了能源、人工和设备，并保持了传统风味。1994年引进液体深层发酵技术进行食醋生产。

王致和集团（三河）龙门醋业有限公司成立于2001年10月，企业主要生产"龙门"牌系列食醋，年生产加工能力15000吨，产品归北京王致和集团食品有限公司总经销。

2003年，龙门牌食醋被授予"中国名牌产品"称号。

2006年，归属王致和公司的龙门醋投资新建了食醋生产基地，采用自动化控制技术对食醋酿造工艺进行了改进。

2007年，龙门牌食醋获"中国驰名商标"称号。

2008年，龙门醋与食醋产量位于世界前列的日本味滋康食品公司合资组建北京王致和味滋康食品有限公司，专注于食醋的加工与研发。

目前，王致和集团醋的年产能达到4万吨，食醋产品达30多个品种。

流 程

龙门醋厂起初是以酿酒为主，兼制作醋品。它以高粱为原料，自踩砖曲为糖化发酵剂，利用固态发酵工艺，先酿酒后制醋。

如今，为保持龙门醋的原有品质和风味，龙门牌食醋仍使用龙河水制的陈醋醅子，按三分之一的比例和新醋醅子搭配淋醋。

海天：百日晴晒古法酿

海天是国内专业的调味品生产和营销企业，溯源于清乾隆年间的佛山酱园，产品涵盖了酱油、蚝油、醋、调味酱、鸡精、味精、油类、小调味品等八大系列。

渊　源

佛山由于地处珠三角腹地，气候温暖，阳光充沛，催生出传统的酿造业"佛山古酱园"。清代中叶，佛山已有酱园开设。酱园经营的产品繁多，咸、甜、酸、辣一应俱全。

海天溯源于"佛山古酱园"。1955年，佛山25家古酱园合并重组。由于"海天（古）酱园"是25家酱园中历史最悠久、规模最宏大、产品品类最多、影响也最广的一家老字号酱园，因此一致同意将新组建的厂命名为"海天酱油厂"。

1994年底，海天股份制公司创立。

2005年，海天除生产酱油外，还生产包括蚝油、酱、醋、鸡精在内的多种调味品。

流　程

海天酱油的生产，坚持传统晾晒工艺，保证了海天酱油的醇正口感。为了达到更好的晾晒效果，建立了国内最大的海天酱油晾晒池。投资20多亿元在佛山市高明区建成了一座"酱油城"，这里年平均气温在22℃到23℃，气候温暖湿润，全年日照充足，非常适合天然晒露发酵工艺。

酿晒酱油一般需要3到6个月的时间，主要流程是：

过去的海天酱油商标

1. 选料

海天酱油选用国产优质非转基因大豆、面粉、食用盐等为主要原料，确保酱油具有传统风味，同时确保食品安全。

2. 制曲

海天酱油在制曲方面，根据菌种生长的不同阶段所需要的不同温度以及湿度，采用了最科学的全程全自动的控温、控湿技术，严格按照米曲酶的生长曲线来进行培养，以保证得到营养丰富的优质曲料，从而保证海天酱油的产品质量。

3. 发酵

制曲后的原料，用盐水搅拌均匀，海天酱油采用传统的高盐稀态常温发酵工艺酿造。历经超过100个晴天晒制，使酱油原料慢慢发酵成熟。

4. 煮制

经过晒制的海天酱油还要按照不同产品配方，加入各种食用配料进行煮制，做出不同风味的酱油产品。

5. 二次灭菌

煮制后的酱油经过沉淀和过滤后，再进行二次灭菌处理。

6. 检验

只有全部检验合格的产品才能作为成品出厂。

东古：天然晒制选料精

鹤山市东古调味食品有限公司前身为始创于清道光三十年（1850年）的调珍酱园，迄今已有160多年历史。2001年成立鹤山市东古调味食品有限公司。其中酱油、古劳面豉与食醋等作为百年产品，仍采用传统的方法酿造，传承至今，由于口感鲜美，一直深受广大消费者的喜爱。

渊 源

广东省鹤山市古劳镇坐落在美丽的西江河畔，由古姓和劳姓祖先从外地迁移到此居住建圩，故名古劳。相传清代以来，古劳民间一向有酿制面豉的风俗习惯，"古劳面豉"已成为一种乡土特产，大规模制作出售约在清道光年间，其中包括当时著名的调珍酱园。

东古注册商标

清道光三十年（1850年），鹤山县杨氏在现古劳镇东宁街创办调珍酱园，经营面豉、酱油。古劳镇制造古劳面豉的作坊众多，但杨氏后人杨其泮所独创的面豉独占鳌头，家喻户晓。

1956年公私合营，调珍酱园转为国有，改为高鹤县调珍酱油厂。

1957年与食品厂、酒厂、烟丝厂合并为综合厂。

1958年各厂分开后，成立高鹤县酱油厂，主要生产酱油、面豉。

1982年，恢复鹤山县建制，改为鹤山县酱油厂。

1993年，鹤山县辙县设市，改为鹤山市酱油厂。

1996年，鹤山市酱油厂由国有企业转制为全员股份企业，改组为鹤山市酱料食品有限公司。

1998年，东古牌一品鲜酱油获1998年国际食品（广州）博览会金奖。

2001年，鹤山市酱油厂正式改名为鹤山市东古调味食品有限公司。

2007年3月，东古牌系列产品被中国食品工业协会续评为"国家质量卫生安全全面达标食品"。

2008年，东古牌蚝油荣获"广东省名牌产品"称号。

流　程

东古牌系列酱油传统制作技艺要经过14道工序，主要材料必须是优质黄豆与面粉，坚持沿用100多年传承的天然晒制方法。

东古的前身"调珍酱园"依托的是清澈的西江水，现在，东古公司改用更清洁的山泉水。制作面豉时要经过10多道工序，历时120多天，每一道工序必须严格控制，发酵时还要特别注意温度、时间、湿度等的调节。面豉全都是以这种天然晒制的方式生产，同步进行现场管理，监控温度和晾晒时间、发酵环境，注意其稠度。

酱油的制作，根据南方的地理情况，采用高盐稀态的天然晒制方式，晒制期间还需要定时回油，同时监控氨基酸含量、酸度、色泽等，原油收集后，需经过滤、杀菌以及调配才能制作成品。

三和四美：酱香浓郁味道纯

清代时，扬州酱菜被列为宫廷御膳小菜，中华人民共和国成立前，扬州酱坊就有100多家，以三和、四美为最，中华人民共和国成立后，经过公私

过去的三和四美老商标

合营，企业改制，1998年，三和、四美合并为扬州三和四美酱菜有限公司。三和四美酱菜是历代酱菜技师勤劳、智慧的结晶，是传统文化和腌酱技艺相结合的典范。

渊　源

扬州酱菜距今已有千年以上历史，相传源于汉代，唐代时即闻名遐迩。

清代时，扬州酱菜被列为宫廷御膳小菜，曾获国际博览会奖章，西湖博览会金奖。

中华人民共和国成立前，扬州有酱坊70余家，多为前店后作，四美、三和、五福生产和销售规模最大。据《扬州商业志》记载，创立于1796年的"三和"，取义于松、竹、梅"岁寒三友"，亦有一种传说，"三和"是指扬州酱菜色、香、味融合的特点。三和是由三个股东发起成立，实行股份制。1930年，三和酱菜在当时上海的主流媒体《申报》《新闻报》上介绍三和酱菜，成了扬州最早通过平面媒体进行宣传的企业。1933年，举办全国铁路沿线生产货品展览会，三和酱菜公司派员携带大批酱菜罐头参加，充分利用展览会宣传三和酱菜，提高了三和酱菜的知名度。

"四美"是清初一秀才借用《滕王阁序》中"四美具，二难并"之句起名，寓意鲜甜脆嫩。

为了便于管理，抓好酱菜质量，四美在扬州打出了"只此一家，别无他号"的口号。对待广告宣传，四美一直坚持口碑宣传。

1998年，三和、四美合并为扬州三和四美酱菜有限公司，成为省内第一酱菜生产商，拥有年6万吨酱菜的生产能力。

2006年12月，三和四美被商务部认定为首批"中华老字号"企业。

流　程

三和四美以生产酱菜为主，坚守传统工艺，精良选料、精工细作。

为了确保货源丰足，乳黄瓜、小萝卜头、菜瓜等主要向扬州郊农收购；宝塔菜、生姜等组织专人去南通、皖浙产地收购；红干、大头菜、大蒜等咸货半成品去淮安收购。

货源充足，质量也要高，比如乳黄瓜，要选小而嫩的，1斤不能少于 30 条；萝卜头一定要选小而圆、肉实皮薄、一般大小的，每斤在25个左右；菜瓜肚子不能大；生姜要嫩尖儿；宝塔菜要长螺丝转儿的；等等。

三和四美制作酱菜讲究制曲天然、腌制适时、拔水到位、酱制有序、卤汁纯净。关键技艺靠师傅口传心授，徒弟心领神会。

临江寺：日晒夜露三百年

"临江寺"豆瓣是资阳市唯一的"中华老字号"，四川省省级非物质文化遗产，它之所以有名，主要是得益于临江寺豆瓣厂内的"迦叶""菩提"两口千年古井的水源。"临江寺"年生产酱油、豆瓣、复合酱等调味品能力达到15万吨。

渊　源

1729年，江西籍人士聂志兴，一直在临江、简阳一带卖豆瓣、酱油。从民间得知当地有唐代古井"神水"的传说。传说唐代武则天赐令建蒙刺寺时御封：一曰菩提井，二曰伽叶井，据传两口井"深四丈八尺，水源充足、冬暖夏凉、清澈明净、甜若甘露，晨有白气升腾"，远近驰名。

20世纪60年代的临江寺豆瓣包装

1737年，聂志兴找到了古井所在之地，将其买下。恰逢御厨陈兴友告老还乡，聂志兴请其出山，陈兴友感其诚意，将宫廷八宝豆瓣的制作秘方传与他，并辅佐他兴办酱园。临江寺产品制作皆用二井之水，古井之水已成为酿造优质临江寺产品不可复制的天然条件。

1738年，临江寺第一家酱园"义兴荣"诞生。陈兴友将豆瓣酱进献皇帝，乾隆甚是欢喜，乃欣然命笔，赐名"临江寺豆瓣酱"，临江寺豆瓣便由此诞生。

进入19世纪，聂氏后代分家立业，先后分为义兴祥、义兴福和义兴荣三家，其中义兴荣1930年更名为中兴祥。随着聂家酱园的兴盛，先后有朱国才的"国泰长酱园"、朱必柏的"柏记国泰新"等大大小小的酱园数十家相互竞争。1939年，朱、聂两家成立酱园业主同业公会。

临江寺香油豆瓣于1980年被评为四川省优质产品；1984年被商业部评为优质产品。

流　程

临江寺豆瓣选用当地的良种蚕豆和芝麻为主料，并配以食盐、花椒、胡椒、白糖、火肘、鸡松、鱼松、香油、麻酱、甜酱以及多种香料精工酿制而成。

临江寺豆瓣和其他豆瓣的最大不同在于，临江寺豆瓣用冷水浸泡豆瓣，采用生料制曲，而其他豆瓣则是用沸水烫瓣，经过脱壳、浸泡、接种、制曲、洒盐水等多道工序，再入池发酵近一年，这样制作而成的豆瓣酱色泽鲜艳，油润发亮。

最后，经消毒，与各种辅料按比例进行配制，方可成为成品豆瓣酱。

东湖："华夏第一醋"飘香

"东湖"牌老陈醋始创于明代洪武年间（1368年），以优质高粱、大麦、豌豆为原料，经过液态酒精与固态醋酸天然发酵而成基醋，再经过"夏伏晒，冬捞冰"陈酿至少一年后才出厂，素有"华夏第一醋"之称。

渊　源

食醋起源于周朝，古时管醋叫醯，把酿醋的人叫"醯人"，把酿醋的醴叫"老醯"。由于山西人对酿醋业的特殊贡献，再加上山西人嗜醋如命，所以山西人被外省人尊称为"老西儿"。

据史料记载，山西老陈醋的发祥地是太原市清徐县，顺治年间，王来福在清徐县城开了一座醋坊。经过几年的摸索，取当地出产的优质高粱作原料，以大麦、豌豆制成的大曲作发酵剂，改"白醋"为"熏醋"，并用"三伏暴晒、三九捞冰"的绝艺，制出了又酸又香又绵的茄子黑色的陈醋，这就是著名的"美和居"。

王来福创建了山西醋的熏醅工艺，即为现代陈醋熏制工艺的发端，融"蒸、酵、熏、淋、陈"为一体，"夏伏晒，冬捞冰"，生产的山西老陈

东湖醋园参观门票

醋，色泽棕红，弥久飘香，风味独特。

王来福的创新也奠定了山西老陈醋几百年来雄踞"天下第一醋"的历史地位。后人感其恩，尊其为"醋圣"。清顺治皇帝于顺治十五年亲笔御提"山西老陈醋"五个大字，封王来福为"醯官"，并赞叹"御园花香千万种，不及来福醋花香"。

清代，"美和居"成为当时最大的制醋作坊。

中华人民共和国成立后，美和居联合21家制醋坊，诞生了老陈醋新品牌"东湖"。在计划经济年代，"东湖"作为山西唯一的老陈醋生产厂家，一直独家承担全国老陈醋的生产调拨任务。

"东湖"牌老陈醋1981年、1985年、1990年连续3年荣获中华人民共和国国家经济贸易委员会银质奖。山西老陈醋集团有限公司是在山西老陈醋厂基础上建立的股份公司，主要生产"东湖"牌山西老陈醋。

1998年，为了山西老陈醋的可持续发展，公司投资建立了"东湖醋园"。

2004年，"东湖醋园"成功获得了国家旅游商标的注册，也是国内第一个获准注册的醋园旅游商标。

2008年6月，老陈醋酿造技艺（美和居老陈醋酿造技艺）被列入第一批国家级非物质文化遗产扩展项目名录。

流　程

王来福对山西醋的发展主要做出了三个方面的贡献：

一是发明了"熏制法"。将发酵好的醋糟用炉火熏烤，使其成为焦糖色，再淋制成酱色。

二是发明并应用了"夏伏晒，冬捞冰"的"隔年陈酿"工艺。

三是继承汾酒酿造技术，大胆选用当地最好的高粱作原料，试酿高粱醋，经过实践终于总结出一套用高粱酿醋的方法。

这些工艺技术，至今仍是制作山西老陈醋的关键，"东湖"牌老陈醋就是选用优质高粱、大麦、豌豆等五谷经蒸、酵、熏、淋、陈的过程酿就而成，以色、香、醇、浓、酸五大特征著称于世。

东湖醋的酿制工艺分为五步：蒸、酵、熏、淋、陈。

1. 蒸

首先将优质高粱经过筛选、去掉杂质，用手工石磨磨成6到8瓣颗粒状，再用水润泡12个小时使其充分吸附水分，入甑蒸熟。

高粱蒸好后，出甑入池，加沸水搅拌，使蒸好的高粱充分膨胀，这样便完成了"蒸"的制作工艺。

2. 酵

发酵分为酒精发酵和醋酸发酵。

酒精发酵是把蒸好的高粱冷却后拌入大曲入缸，进入酒精发酵，这种发酵是自然微生物发酵的过程，其制成的是含有酒精的半成品酒醪。

醋酸发酵，首先把含有酒精的半成品酒醪拌入麦麸皮和谷糠，然后加入醋酸菌种，就开始了醋酸发酵。此过程中需工人每天对醋醅进行翻搅，直至醋醅发酵结束。

3. 熏

熏制工艺是在1368年由"美和居"醯坊发明的，是山西酿醋的独特工艺。"东湖"牌醋在制作过程中没有添加任何的化学元素。将醋酸发酵好的醋醅放入缸中进行熏制，从刚开始的黄色到熏制成黑褐色，共需要6次的倒缸程序，醋醅的颜色一次比一次深。

4. 淋

淋醋就是用煮沸的水或者醋将醋醅中的醋酸及有益成分过滤出来。新淋出的成品叫新醋。但这种醋水分多，可以吃但不醇香，味道也不厚，须经过陈酿将水分蒸发掉。

5. 陈

刚淋好的"新醋"，还要经过"夏伏晒，冬捞冰"的陈酿过程，这道工艺过程，晒能使醋液不断蒸发，捞冰能使水分不断减少，同时香味成分得以逐渐在代谢物质转化过程中凸显，不溶物得以沉淀而使醋液澄清，最后获得陈化老熟的成品。

宁化府：甜绵香酸六百年

益源庆是明太祖朱元璋之孙、宁化王朱济焕府内酿酒、磨面、制醋的作坊，因为出产的醋配料讲究、制作精细、风味绝佳、质久不变，宁化王便将其敬献到宫中，从此，益源庆宁化府醋成为宫廷御醋，一直传承到今天。

渊 源

益源庆陈醋作坊最早是明朝的皇家王府醋坊。明洪武年间（1377年），朱元璋封其三子朱㭎为晋王，其孙朱济焕为宁化王。宁化王王府就设在益源庆所在的胡同内，从此，这条小胡同有了称谓——"宁化府"。因为酿醋、磨面、制酒的小型作坊在王府内诞生，酿出的醋专供皇室食用，久而久之，人们习惯称益源庆酿的醋为"宁化府醋"。

明朝灭亡后，宁化王府的醋因其酸、香、绵、甜而声名远扬，成为太

原醋作坊的翘楚，随后取名为"益
源庆"。

到了清嘉庆年间，益源庆的酿
醋技术传入民间。至嘉庆二十二年
（1817年），益源庆老店已有日产
150千克醋的规模，是当时山西最大
的制醋作坊。清道光年间，"益源
庆"还在江苏镇江开了分号，时称
"南益源庆"。1920年，"益源庆
醋"在太原市已享有盛誉。

益源庆虽几易其主，但醋的质
量始终如一，买卖也因而经久不衰。

益源庆宁化府醋的老商标

中华人民共和国成立后的1950年至1952年，该店为私营企业，当时门
市部主要经营双醋、老陈醋。

1956年公私合营时，益源庆醋厂合并为新星食品醋造厂醋曲车间。

1962年，恢复了益源庆名特醋的称号。

1963年，太原市恢复名产品生产，益源庆移交给商业系统柳巷副食公
司，专门生产"双醋"。

1986年，益源庆醋厂成为太原市糖业烟酒公司领导下的一个独立的经
济实体，年产名醋400吨。

2014年7月，益源庆宁化府老陈醋酿造技艺入选第四批国家级非物质文
化遗产名录。

流　程

山西老陈醋的酿制方法有二：其一是以"东湖""水塔"为代表的前液
后固法，其二为目前唯一仅存的益源庆纯粮全固曲法。二者的根本区别在于
用料和方法。前液后固法在实际操作中可以使用部分单菌种，成品中有适量

防腐剂和添加剂，在酒精发酵过程中使用的是液态法；而纯粮全固曲法则只允许使用纯粮制作的大曲（多菌种），无须在成品中加防腐剂和添加剂，酒精发酵过程中使用的是固态密闭法。

益源庆宁化府醋不含防腐剂，所用曲种至少要21天才能做出来。一般酒10天就能装瓶，而醋至少要21天。

宁化府醋以优质高粱、大曲（用大麦、豌豆制作）为主料，辅料有谷糠、麸皮等；具体酿造流程分为粉碎、拌谷糠（或稻壳）、加水润料、蒸料、拌曲、入缸酒精发酵、醋酸发酵、熏醅、浸泡、淋醋、灭菌、陈酿（老陈醋）、检测等十几道工序。

宁化府醋选料非常苛刻，只用山西省忻州、晋中一带产的高粱，豌豆则必须用晋西北产的小豌豆。制醋要经过一年多的夏伏晒，冬捞冰等工序，10千克新醋陈放一年后，只会剩下3千克左右。后期还要采用熏醅增色加香，这样生产出来的醋色泽棕红，滋味醇厚，不仅有调味功能，还可广泛应用于医疗保健，具有较高的医用价值。

鼎丰：进京腐乳上海产

鼎丰酱园，创始于清同治三年（1864年），现为上海鼎丰酿造食品有限公司。鼎丰酱园的腐乳生产工艺考究，味香质纯，口感细腻，清末时以"进京腐乳"著名，现为"上海名牌产品"。

渊 源

清同治年间，浙江海盐商人萧兰国把原在上海莘庄镇开设的"萧鼎丰"腐乳作坊迁至奉贤南桥镇东街。1880年，本族人萧宝山继承了鼎丰酿造技艺，经过革弊兴利，创新制作工艺，使腐乳质量更高人一筹。

上海董家渡"鲍鼎泰"缸铺的鲍姓老板在和天津客商交易时，将鼎丰腐乳推荐给客人，天津客商品尝后，感觉滋味甚好，遂将鼎丰腐乳销往京津。从此，鼎丰腐乳名扬京津，深得食客喜爱。

鼎丰腐乳标识

1952年，鼎丰酱园改名为鼎丰酿造厂。

20世纪70年代，鼎丰改进豆腐坯制的工艺，80年代改革发酵工艺，适当添加淀粉，增添了腐乳的特色和风味。

1979年起，鼎丰腐乳连续被评为上海市名优产品，1983年精制玫瑰腐乳获国家银质奖，1988年精制玫瑰腐乳获首届中国食品博览会金质奖。

1997年，改制成上海鼎丰酿造食品有限公司。

2007年，鼎丰腐乳酿造工艺被列入首批上海非物质文化遗产名录。

流　程

鼎丰腐乳工艺历史悠久，配方独特。它选用优质黄豆为原料，辅以上等糯米和玫瑰花精制而成，腐乳从制坯、前期发酵、后期发酵到成品，需要经过53道繁杂的工序，这些工序需要依靠成熟工人的丰富经验进行操作，只能身教不能言传。

一般工序为：黄豆粒经过筛选以后进行浸泡，经过去杂质和清水冲洗流程，再进入磨浆；豆腐块制作好以后，进入发酵过程，也就是毛霉接种，毛霉发酵进入专门的酵房，一般要经过48小时培养。腌制好以后一部分装瓶，一部分装坛，进入后期发酵。瓶装一般需三四个月，坛装需6个月左右，才成为成熟的腐乳进入最后的包装环节。

李锦记：鲜味脂香营养丰

李锦记创建于1888年，与同珍酱油、淘大和八珍并称香港"四大酱园家族"。先后荣获香港出口市场推广大奖、海外拓展成就奖等奖项，并当选为香港二十大杰出商业机构，进入21世纪，李锦记被评为千禧年香港十大企业。

渊　源

李锦记的商标

1888年，创始人李锦裳发明蚝油，在广东珠海设立李锦记蚝油庄。1902年，搬迁到澳门发展。李锦裳兄弟李兆南改进制作技艺，提高了产品质量，还拓展了国际市场，1920年，李锦记产品已经在北美地区和加拿大等国家销售火爆。

1932年，李锦记将总部从澳门迁往香港。

1983年，李锦记于美国加州洛杉矶设立办事处。

流　程

李锦记酱油使用中国传统工艺，用原粒黄豆、面粉经过微生物发酵酿造而成，整个发酵周期需3至6个月。为确保鲜味，李锦记从源头抓起，派出专业团队实地监控黄豆种植，层层筛选出大小均匀的非转基因优质黄豆，使黄豆的发酵时间一致。同时，李锦记采用自家培植的酵母曲种，可使黄豆精华在发酵过程中完全释放，充分保留营养。

李锦记120周年纪念卡

王致和：闻着臭来吃着香

王致和臭豆腐的发明人是王致和，流传至今已有300多年。作为地道的"中华老字号"，其产品的细、腻、松、软、香五大特点倍受广大消费者喜爱。

渊　源

清康熙八年（1669年）王致和进京会试落第，为谋生计，做起了豆腐生意。一次，他做出的豆腐没卖完，便切成四方小块，配上盐、花椒等作料，放在一口小缸里腌上。由于他一心攻读，渐渐地把此事忘了。至秋凉重操旧业时，想起那一小缸豆腐，打开一看，臭味扑鼻，豆腐已成青色，弃之可惜，大胆尝之，别具风味，遂送与邻里品尝，无不称奇。王致和屡试不中，遂尽心经营起臭豆腐来，由此诞生了"王致和臭豆腐"。

1670年，王致和雇了几个人开始制作臭豆腐。清康熙十七年（1678年），王致和在前门外延寿寺街路西开设了"王致和南酱园"，清末，王致和臭豆腐传入宫廷，成为慈禧太后的一道日常小菜。慈禧太后称赞不已，后赐名为"青方"，身价倍增。清末状元孙家鼐题写藏头诗一首："致君美味传千里，和我天机养寸心，酱配龙蹯调芍药，园开鸡跖钟芙蓉。"

1956年，公私合营，原"同义厚"酱园更名为"田村酱厂"。随后"四和"（即王致和、王政和、王芝和、致中和）与"田村酱厂"合并为"田村化学酿造厂"。

1972年，"田村化学酿造厂"更名为"北京市腐乳厂"。

1985年，北京市腐乳厂启用过去名气最大的商号"王致和"，并向国家商标局注册"王致和"商标。

1991年，北京市腐乳厂更名为"北京市王致和腐乳厂"。

2000年3月公司改制，北京市王致和腐乳厂更名为"北京王致和食品集团有限公司王致和食品厂"。

2008年，王致和腐乳酿造技艺被列入国家级非物质文化遗产名录，王致和被商务部评为"中华老字号"。

2009年9月，王致和改制更名为北京二商王致和食品有限公司。

王致和的商标

2015年，王致和建设完成了腐乳体验馆。

2017年，王致和荣获"第二届北京市人民政府质量管理奖提名奖"。

流 程

王致和臭豆腐生产一直秉承老字号精益求精的传统生产方式，经几十道工序，精工细作，形成特有的风味。

王致和腐乳酿造技艺继承的是毛霉

型腐乳的制作工艺。

王致和臭豆腐是以优质黄豆为原料，经过泡豆、磨浆、滤浆、点卤、前发酵、腌制、后发酵等多道工序制成。其中腌制是关键。臭味主要是蛋白质在分解过程中产生了硫化氢气体而形成。另外，因腌制时用的是苦浆水、凉水、盐水，又使豆腐块呈豆青色。

豆腐块规格控制为"3.1×3.1×1.8"（单位厘米）大小，在完成了切块等工序后，豆腐块经历霉菌的前期发酵，便会长出如小鸡茸毛一般的白毛，工作人员经过搓毛，即用白毛把豆腐包住后再经配汤进入后期发酵工序，整个程序历时3个多月。

六必居：七珍八宝酱菜香

六必居原是山西临汾西杜村人赵存仁、赵存义、赵存礼兄弟开办的小店铺，专卖柴米油盐。俗话说："开门七件事：柴、米、油、盐、酱、醋、茶。"赵氏兄弟的小店铺，因为不卖茶，就起名六必居。六必居最出名的是它的酱菜，也是北京酱园中历史最久、声誉最显著的一家。

渊　源

六必居是山西临汾人赵存仁、赵存义、赵存礼兄弟于明朝嘉靖九年（1530年）创办的。由于经营管理有方，又由于六必居所处的地理位置好，所以买卖开张后，

六必居的牌匾

生意很兴隆。刚开始以出售豉油而闻名京师，其后逐渐发展成为前店后厂式制售酱菜的酱园，《都门纪略》《朝市丛载》等都把它列为制售八宝菜、包

瓜等酱腌菜的名家。

六必居自产自销的酱菜，因加工技艺精湛、色泽鲜亮、脆嫩清香、酱味浓郁、咸甜适度，清代被选作宫廷御品。为送货方便，清朝宫廷还赐给六必居一顶红缨帽和一件黄马褂。

1935年，六必居酱菜在青岛召开的铁路沿线出产货品展览会上获优等奖，遂行销海外。中华人民共和国成立后，六必居酱菜也经常在酱菜评比中获得第一名。

流　程

六必居酱菜的传统制作技艺一向以选料独特、制作复杂、工艺严谨而闻名，长期以来一直以口耳相授的方式世代传承。

六必居酱园选料严格，主要原料都有固定的生产基地、适宜的栽培品种及适当的采收季节。

六必居制作黄酱，特选河北省润县马驹桥和北京市通州区永乐店等地产的颗粒饱满、油性大

北京六必居酱菜园的八宝菜老商标

的好黄豆。做甜面酱，专门高价从河北省涞水县购进黏性大的小麦为主料，自行加工成细白面，这种白面适宜制甜面酱。黄瓜，不但要求条顺，还要顶花带刺，个头4至6条1斤；小酱萝卜也要求4至6条1斤。

糖蒜是六必居腌菜中的名品。他们专选大六瓣紫皮蒜，经过剥、泡、晒、熬汤、装坛等多道工序。制出的糖蒜光泽脆嫩，味甜而稍具蒜的辣味，因兼有桂花香味，又称"桂花糖蒜"。这种特制糖蒜装成罐头出口。

第四章

生活与文化类老字号

百姓离不开衣食住行，也就催生出许多与人们生活关系密切的行业，这些行业又容易催生出一些老字号，『头顶马聚源，脚踩内联升，身穿瑞蚨祥』就是对过去老字号的形象总结。物质生活满足了，人们就开始追求精神生活，书写、阅读、留影、首饰等，都是人们生活的一部分。这些行业也留下一些老字号。这些老它号是如何大浪淘沙，传承到今天的？以前那些成百上千的店铺又是如何消失的？这些问题值得现代人思考。关注老字号，探究老字号，是目前商业发展研究的一个课题。

瑞蚨祥：百年制作全新优

瑞蚨祥创始人叫孟鸿升，济南府章丘县（今章丘市）人。瑞蚨祥以经营土布起家，1835年瑞蚨祥绸布店在济南开张，从第二代传人孟洛川开始进京经商。清末民初，瑞蚨祥已成为北京最大的绸布店。现在，瑞蚨祥优良的布匹、绸缎仍为海内外游客所称道。

渊　源

北京瑞蚨祥绸布店建于清光绪十九年（1893年），它是由山东章丘旧军镇以卖"寨子布"（土布）起家的孟洛川出资开设的。店名瑞蚨祥中的"瑞"字，是瑞气的象征；"蚨"取其"青蚨还钱"的寓意（青蚨原是一种水虫，因相传"青蚨还钱"的典故，又成为钱币的别名）；"祥"字，是吉祥之意，店名合起来就是瑞气吉祥、财源茂盛的意思。

1890年，孟洛川看到北京商业兴旺，买卖好做，就派在店中做伙计的远房侄子孟觐侯运了些山东寨子布到北京卖。这些布很受北京人喜欢，很快就卖完了。孟洛川便再派孟觐侯进京，在大栅栏开了瑞蚨祥绸布店。

1893年，大栅栏"瑞蚨祥绸布洋货店"开业，改营丝绸、布匹、皮货、洋货等高档时尚产品的批发和零售业务，由孟觐侯负责经营。瑞蚨祥开张后，以其商品齐全、货真价实、服务周到而深受京城各界欢迎，顾客盈门。当时北京流传着一首歌谣："头顶马聚源，脚踩内联升，身穿瑞蚨祥。"当时，瑞蚨祥在京城绸布业中几乎占据垄断地位。

1900年，八国联军攻入北京，一把大火使大栅栏满目疮

瑞蚨祥的牌匾

痍，瑞蚨祥也未能幸免。孟觐侯把在天津、青岛等地瑞蚨祥商号的存货紧急调往北京，在瑞蚨祥门店前摆摊售货，很快恢复营业。同时又筹集了巨额资金重建瑞蚨祥，开办了东鸿记茶庄、西鸿记茶庄、鸿记皮货店、鸿记绸布店四处新店，几乎占了大栅栏半条街。

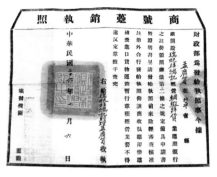

过去瑞蚨祥的营业执照

从1927年开始，由于连年战火、兵荒马乱，瑞蚨祥生意每况愈下，几乎到了破产的境地。

1949年北平解放，瑞蚨祥在各级政府的关怀下获得新生。毛泽东主席在天安门城楼升起的第一面五星红旗的面料就是由瑞蚨祥提供的。

1954年，瑞蚨祥实行公私合营，在京的五个字号合并为一，以经营绸缎、呢绒、皮货、布匹为主。

1985年，瑞蚨祥被认定为"中华老字号"。

2006年，地处大栅栏的北京瑞蚨祥巴洛克风格的门楼，被国务院定为第六批全国重点文物保护单位。

2016年11月，"第三届中华老字号时尚创意大赛"开展，瑞蚨祥的参赛作品"中华吉服（凤禧虹鸾）"荣获2016年度"中华老字号"二十大经典产品奖。同时，瑞蚨祥荣获2016年度百年功勋企业奖。

流　程

瑞蚨祥在开办之初就提出了"至诚至上、货真价实、言不二价、童叟无欺"的质量方针和经营宗旨，并且始终坚持。比如，熟罗货好的为11丝，而瑞蚨祥则要求为13至15丝；纺绸一般是四合成丝织，而瑞蚨祥要求六合成丝织，而且要上等丝。

对于布匹，瑞蚨祥在进货检验合格后，还要进行一系列精密的深加工，谓之"闷色",以使色质全部渗透到纱中,"闷"的时间越长,色泽越深入,越不易脱色。大量销售的双青布要"闷"6个月之久。经过"闷色"的布缩水率小,布面平整,色泽均匀鲜艳,不易褪色。

瑞蚨祥以高于同行的质量内控标准来维持高价格,不打折,不讲价,构建了品牌的领先地位。

过去,一进瑞蚨祥的门就能看到专为顾客设立的茶座。客人可以在这里一边歇脚、聊天,一边免费饮茶。在瑞蚨祥,不仅要给顾客泡茶,还要敬烟。如果顾客买的东西多了,坐久了,夏天还送西瓜和汽水。

内联升:做工精细千层底

老话儿说:"爷不爷,先看鞋。"老年间,老北京有些人穿鞋就穿内联升。内联升创建于清咸丰三年(1853年),创始人是天津武清县人赵廷。当时,赵廷根据北京制鞋业的状况,认为北京制作朝靴的专业鞋店很少,于是决定办个朝靴店。"内联升"的"内"指大内,即宫廷,"联升"寓意顾客穿上此店制作的朝靴,可以在朝廷官运亨通,连升三级。

渊 源

我国最早的千层底布鞋始于周代,从山西省侯马市出土的3000多年前周代武士跪像的鞋底上,明显可见一行行归整的线迹,与今天的纳底布鞋完全一致,它表明3000多年前的周代,已经出现纳底布鞋。纳底布鞋发展到清代进入全盛时期,在造型、材料和技艺方面都有较大发展。

内联升是赵廷于清咸丰三年(1853年)创办的。前店后厂,自产自销。

内联升开业后,生意很是兴隆。大小官员,到内联升定做、购买朝靴的络绎不绝。内联升做的朝靴，选料真实，做工讲究，穿着好看、舒适。当时的缎子以南京生产的黑贡缎质量最好，其特点是厚，色泽乌黑光亮，经久不起毛，但售价高昂。内联升不怕多花钱，专门从南京进黑贡缎。内联升制作的朝靴底厚达32层，但厚而不重；黑缎鞋面质地厚实，色泽黑亮；沾了尘土，只需用大绒鞋擦轻轻刷打，就能又干净

内联升的商标

又闪亮；这样的朝靴穿着舒适、轻巧，走路无声，显得既稳重又气派。

当时，很多清朝下级官员为讨好上司，经常去内联升参照数据定做朝靴作为礼物，一双价格高达白银几十两。

民国时期，内联升由主要生产官靴改为生产礼服呢面千层底鞋和缎子面千层底鞋。鞋面要用美国的礼服呢，千层底包边的漂白布要用日本亚细亚牌的。千层底的加工更讲究，做出的鞋柔软、舒适，而且不走样、不起毛。内联升后来也生产双脸带筋、外观显得虎实的轿夫洒鞋，这种鞋柔软吸汗，很受轿夫、车夫和脚夫的欢迎。

1949年中华人民共和国成立后，内联升打破专营男靴鞋的旧模式，增添女鞋（绣花鞋等）、解放鞋等。

1956年至1958年，公私合营开始，内联升迁址到大栅栏街，并成为国有企业。

1976年，内联升开始生产与经营皮鞋。

2008年，内联升千层底布鞋制作技艺入选第二批国家级非物质文化遗产名录。

流　程

内联升布鞋有三个必备特点：手工纳制的千层底、手工绱鞋以及使用纯天然材料。每道工序都坚持传统手工制作，经过袼褙、制鞋帮、绱鞋、验收

旧时北京内联升的礼券

等5个环节90余道工序才能完成。

"千层底"精选纯棉、纯麻、纯毛礼服呢等天然材料，技艺被归纳为"一高四多"：工艺要求高，制作工序多，纳底的花样多，绱鞋的绱法多，样式多。

大的工序有30多道，总工序要上百道。每道工序都有严格、明确的标准。

内联升千层底布鞋，完全手工制作，一双普通千层底布鞋少则纳2100多针，多则4200针。内联升的千层底布鞋，实际是30多层（男鞋35层，女鞋31层），每一层都用新的纯棉布挂浆，烘干成布板，俗称"打袼褙"。加热后的鞋底用棉被包严热闷，再用木槌捶平、整形、晒干。然后是切底、包签、圈边、纳底、捶底、拉粘、缉口、绱鞋等，使用的工具就有40余种。

步瀛斋：男鞋潇洒女鞋俏

步瀛斋以制作和销售布鞋为主，尤以千层底布鞋享誉京都内外。用料上乘，做工精细，鞋底纯手工一针一针地纳成，针眼横平竖直，以确保"千层底"不走样、不变形。步瀛斋布鞋保持了传统手工工艺，男鞋潇洒，女鞋俏丽，布底轻便舒适，冬令棉鞋素有"艺术品"之美称。

渊　源

步瀛斋创始于1858年，过去，步瀛斋是给后宫里的嫔妃做鞋，内联升是给王公大臣做鞋。

步瀛斋的牌匾

步瀛斋的创始人早年在宫廷的造办处供职，他创办了一个鞋庄，给后宫的嫔妃供鞋。那时女子的脚都是要经过缠裹的，步瀛斋的缠足鞋做得很好，深受后宫嫔妃的喜爱。

步瀛斋不只给后宫嫔妃做鞋，也给皇宫卫戍区的卫士做鞋，并且也做些功夫鞋，当时的名字叫螳螂肚薄底快靴，因为鞋做得工精料实，深受练武人的青睐。

随着时间的推移，步瀛斋的鞋慢慢地由皇宫发展到民间。有实用耐穿、深受百姓欢迎的"棉花篓"，也叫"大云鞋"；也有专门为劳动者准备的股子皮双脸洒鞋。股子皮双脸洒鞋以耐磨经穿为特点，旧时多是蹬三轮车的脚力工等人穿。

社会在发展，手工布靴已经不能满足各界人士的需要，于是步瀛斋在20世纪30年代开始从南方购进皮鞋销售。

1956年公私合营，马聚源和步瀛斋合为一家。步瀛斋的鞋逐渐地贴近老百姓，店里的鞋价位不高。

1987年，步瀛斋进行了翻建，1989年2月16日重新开业，营业面积为852平方米，比原来扩大了3倍多。

1992年，步瀛斋品牌被评为"中华老字号"。

1998年以来，步瀛斋连续多次被北京市工商行政管理局评为北京市著名商标。

2001年7月，北京步瀛斋鞋帽有限责任公司注册成立。

流　程

步瀛斋以"敬业乐群，诚信待客"为宗旨，以货真价实为本。所有产品用料考究、做工精细。制作布鞋的材料，从制袼褙的白布，到纳底的麻绳，均精挑细选，配帮、绷楦、烘干等道道工序亦层层把关，一丝不苟。近年来又研制出羊皮面硫化胶软底皮便鞋，其鞋底轻软富有弹性，深受消费者喜爱。

马聚源：用料讲究做工细

马聚源始建于清嘉庆二十二年（1817年）。马聚源生产的帽子选料精良，道道工序环环相扣，严格把关，并在品种和式样上不断创新。马聚源以做工精细、货真价实、品种齐全、花色繁多而著称于世。

渊　源

马聚源是一家自产自销的帽子店，创办人是马聚元。马聚元是农民出身，直隶马桥人。他14岁到北京，先在一家成衣铺当学徒，因为成衣铺倒闭，又到了帽子作坊当学徒，渐渐地学会了制作各种帽子的手艺，也学会了管理作坊的方法。后来，自己买来原料加工帽子，外出售卖。积攒了些钱后，在前门大街鲜鱼口摆了个小帽子摊。由于马聚元做的帽子质量好，价钱便宜，日子一长便得到了顾客的认可。于是，马聚元买下了一间小铺面，经过简单的装修，选了个良辰吉日，马聚源帽店便正式开张。

马聚元善于经营，为了满足各界的需要，他开发出了上自宫廷、下至百姓都可以戴的帽子，到了清朝末年，马聚元帽店被誉为北京帽业之首，无论什么人，都以能有一顶马聚元的帽子为荣事。

由于生意兴隆，年年盈利，马聚源帽店于清道光二十二年（1842年）用年终分红剩下的钱在鲜鱼口西口路北开了一家天成斋鞋店。这时，还未满50岁的首任掌柜马聚元因为多年劳碌，以致积劳成疾，帽店不得不交给其出师的大徒弟李建全打理。10多年之后，清咸丰八年（1858年），马聚元病逝。

马聚源的商标

同治元年（1862年），有张姓官员把马聚元帽店和天成斋鞋店的铺子一起买下。同时，他将马聚元帽店的职工全部留下，仍然让李建全当掌柜，沿用了"马聚源帽店"的名号，继续挂着原有的牌匾营业。因为这位张姓官员交游广阔，所识之人非富即贵，商业界和军政界皆同他有往来，因此，买卖更加风生水起。马聚源帽店自此进入其发展的全盛时期。

清政府被推翻后，马聚源帽店不再生产红缨帽子，改为生产瓜皮帽和将军盔。这种瓜皮帽和将军盔上都有一个小疙瘩，马聚源的师傅们在缝制时，只用三针便可缝好，其高超的技术被人们称为"马三针"。所以，常戴马聚源帽子的人，只要一看帽子上的疙瘩，就知道是不是马聚源的货。

1949年北京解放以后，马聚源帽店走上了服务人民大众的新路。

1958年，马聚源帽店迁到大栅栏经营。

1986年，恢复老字号，为北京第一家少数民族帽店。不久，并入步瀛斋继续营业。

2003年，马聚源和京城其他老字号一同到台湾地区巡展，受到台湾民众的热烈欢迎。

2007年，马聚源手工制帽技艺被列入北京市非物质文化遗产保护名录。

流　程

过去，马聚源帽店主要商品是政要富绅戴的瓜皮帽。缨子是用藏牦牛

过去马聚源的广告

尾制作，用藏红花做颜色着色，绸缎选用南京源兴缎庄出产的最高档元素缎。牦牛尾做出的缨子，好看，丝絮匀顺，不易弄乱。红缨子的染色，必须用西藏出产的藏红花。藏红花染的缨子，颜色鲜艳，永不褪色。

帽店除给官府做缨帽（官帽），还有就是闻名全城的缎小帽。制作缎小帽的缎子专门从南京正源兴绸缎庄进货，别家一概不用。缎子分元、顶、玉、铭、洪五等，马聚源用的是元素缎，元素缎制作的帽子，不出油，光亮好看。其生产工艺也极讲究：制作帽胎是吃功夫的工序，工人先将胎坯放在木模上，刷上浆子，而后用烧得通红的烙铁熨烫，熨烫时，随熨烫随冒火。但帽胎不会烧着，只是将帽胎熨烫成黄色鼓挺，用手轻轻按下，起手时帽胎自动鼓起来，帽胎既有弹性，又有韧性，这是马聚源帽店独创的制作工艺。马聚源帽店帽结的制法和钉法更是堪称一绝。

边福茂：挺括耐磨老布鞋

杭州俗称"头顶天，脚踏边"，指的是"天章"的帽子，"边福茂"的鞋子。"天章"的帽子早已成为历史，但"边福茂"却留存了下来。边福茂的创建人边春豪擅长制鞋，做的鞋素有"鞋面穿旧不走样、鞋底穿破不毛边"的美誉。因为边氏鞋用料考究、工艺精细、讲究信誉，使边福茂鞋庄成为一家在海内外享有盛誉的大型专业商店，在消费者心中有一定影响。

渊　源

边福茂是一家专门制作布鞋起家的百年老店。清道光二十五年（1845年）开设于杭州长庆巷五老巷口。创建人边春豪，诸暨人，擅长制鞋，边春豪用新布按照鞋子尺寸裁剪填底，用上过蜡的苎麻线纳底，再配以缎子或直贡呢做鞋帮。这种用新布纳底的鞋子，比起当时用旧布纳底的鞋子，挺括、耐磨、平整得多，由于质量好，外观美，来买布鞋的人日见增多。数年后，边春豪购置地皮盖房子开店，鞋摊变成鞋店，取名"边福茂鞋店"，并以"万年春"作标记，寓意边氏鞋店万古长青，永不凋谢。

清末民初，其子边启冒子承父业。民国十年（1921年）在羊坝头设分店，经营皮鞋。

中华人民共和国成立后，党和国家领导人及艺苑名流，均曾在该店定制布

民国时期杭州边福茂鞋庄的广告

鞋。随着时代的变迁，皮鞋等已代替布鞋成为主流，边福茂除经营具有传统特色的布鞋，还经营其他鞋类。

2007年，边福茂制鞋技艺被上城区人民政府公布为第一批上城区非物质文化遗产。

流　程

边福茂布鞋选料认真，注重质量，品种有棉、夹、单、呢、缎、葛、纱、绣等几十种，造型轻巧，帮面挺括。

边福茂布鞋选料讲究，料子以英货直贡呢、羊毛呢为主，兼有国产的贡缎、毛葛、纱等，鞋底都是用新布制作的，规定使用16磅粗布填足18层，斜角取料，牢度高，底边不会起毛。底线圈数有规定，不能间隔大；针脚间距和底线过疏过密都不符合要求。

鞋底边缘烫粉上浆以后，用一定热度的烙铁烫边缘，烫之后不能有黄色斑点。底皮有单双两种，单底用进口花旗皮做，双层底用国产牛皮双层麻线扎合制成，针距和圈数都有规定，针眼不能过大，夹层中间衬上新布，能防止走路发出声音。

同升和：天然材料手工做

同升和布鞋店始建于1902年，以生产鞋类产品和帽子闻名。前店后厂，实行供、产、销一条龙。同升和老北京布鞋手工工艺，精工细作，养脚吸汗，美观环保，在市场上多年来一直畅销不衰，成为馈赠亲友的佳品。

渊　源

1902年，河北省宝坻县（今天津市宝坻区）人莫荫轩在天津办起了一家制帽作坊"同升和"，"同升和"的名字，取自最初开业时一位友人赠给莫荫轩的一副对联："同心协力功成和，升官冠戴财源多"，取其中"同升和"3个字，寓意为"同心协力，和气生财"。

同升和刚起步时，股东们立下了几个规矩：

第一个，同升和老北京布鞋豁出3年不挣钱也要保质量，而且包退包换。

第二个，不养"三爷"，指的是舅爷、姑爷、少爷，也就是说不能任用私人，对店员和掌柜的任用都有极为严格的要求。

第三个，是要求售货员有"眼力见儿"，客人一进来店员要能看出顾客的喜好、穿鞋的尺码，立即好烟好茶伺候着，拉近与顾客的距离。眼力见儿还指的是能够发现客人穿着的鞋式样好的地方，店员可以画出小样，然后交给后面的车间制作。

由于莫荫轩经营有方，规模不断扩大。

1912年，莫荫轩在天津繁华的估衣街买了门面房，形成了前店后厂、自产自销的格局。

20世纪30年代，同升和帽店先后在京津等地开办了4家分店，根据市场需求，同升和又制帽又做鞋，遂把同升和帽店改为同升和鞋帽店。

1932年，北京同升和鞋店在东安市场旁开业。

辛亥革命后，西装革履成为人们追求的时尚，同升和开始生产高档皮鞋。时尚漂亮的男、女皮鞋上市后顾客盈门，盛况空前。

民国时期同升和帽庄的广告

1956年公私合营以后，同升和从全国各地聘请了多位制鞋技师，形成名副其实的前店后厂的专业鞋店。制作的皮鞋融合了南北工艺特色，在选料、做工上更是精益求精，以质优价廉而赢得消费者的信赖。

20世纪80年代，同升和建起了4000多平方米的生产楼，引进了先进的生产流水线，扩大生产来满足消费者的需求。

1990年，同升和成功地为亚运会制作了官员鞋。

2009年4月，同升和在北京王府井大街开业。后来，同升和鞋业王府井总店被拆迁后，2016年7月在南池子大街重新开业。

流　程

同升和手工皮鞋在制作过程中，每双鞋要经过100多道工序才能完成。皮鞋的内底、外底都采用天然牛皮原料，在加工过程中需要用江米糯糊粘连牢固后，由经验丰富的技师手工一针一线缝合而成，再通过外观打磨修饰，一双手工缝制皮鞋才能最终制作完成。

同升和除了做工精细，经营上也有独到之处。

首先，同升和鞋帽的样式新、品种多、号码齐全。店里经常组织人员出去调查、采样，一旦发现样式美观的新式鞋帽，立即绘下草图，回来后便开始研制。不出3天，新产品就陈列在玻璃橱窗里。

其次，同升和为确保商品质量，从原材料的进货上就严格把关。比如做皮鞋用的皮料都是精心挑选的，还必须进行再处理和加工；就是绱鞋用的麻绳也要经过专门加工，用松香、石蜡处理后再使用，这样制出的皮鞋即使漂在水上也不漏水、不变形，穿的时间长了，也不会开缝掉底。

旧时同升和的宣传单

最后，同升和十分重视服务质量，要求每个店员都要做到热情服务，百问不烦，百拿不厌。如果顾客当时选不到合适的鞋，店员就为顾客量脚定做，定期交货，保证不误。

盛锡福：硬挺舒适不变形

盛锡福帽子以其用料考究、手工制作、做工精细、品质优良而著称于世。制作一顶皮帽，要经过挑皮、选料、裁制、缝合等几十道工序，每道工序都有严格的标准，正因工艺考究、外形美观、穿戴舒适、表里如一，"头顶盛锡福"一度成为人们追求高品质生活的一种象征。

渊　源

盛锡福始建于1911年，由山东掖县人刘锡三创建。刘锡三用经营草辫生意积攒的钱，在天津市与别人合资开了个铺子叫"盛聚蚨"，除了卖草辫，还加工草帽出售。在苦心经营了6年后，又在天津法租界独自开了盛锡福帽店，"盛"取买卖兴盛之意，"锡"和"福"均取自刘锡三的学名和乳名。

1919年，盛锡福用巨资买下了西方人运来的一批制造草帽的机器，设立草帽工厂，自产自销，并很快在天津打开了销路。几年之后，盛锡福相继设立了皮帽工厂、便帽工厂、缎帽工厂、化学漂白厂、毡帽工厂和印刷厂等，并开设了两家分销门市部。二十世纪二三十年代，先后在南京、北京等城市设立分店20多处。

刘锡三善于经营，买卖赚了钱，不去置买田地，而是继续扩大再生产。哪个城市商业繁华，他就不惜一切代价，想方设法在最繁华的地段开设自己的店面。为了创名牌，防止别人仿制、冒牌，特向当时政府申请注册

盛锡福的老商标

"三帽"牌商标。盛锡福的帽子质量好、样式新，从1924年到1934年的10年间共获得当时各级政府奖状15个。

1936年，盛锡福总店从天津迁至北京，先后在王府井大街、西单北大街、沙滩、前门大街开办了4个分店，由于历史的变迁，现在只留下了盛锡福王府井店和盛锡福东四帽店。

1946年以前，北京盛锡福的帽子都由天津总号工厂供应。1946年后改由自己在北京找小帽作坊加工。

1956年，盛锡福公私合营，北京王府井盛锡福分号改为北京盛锡福帽厂；天津盛锡福则两次易名，直至1980年才恢复原名。

1999年9月，改造后的王府井大街重新亮相，盛锡福也重新开门营业。

2000年，为适应社会的发展，盛锡福进行了改制，注册为北京盛锡福帽业有限责任公司。

2006年，盛锡福被商务部认证为首批"中华老字号"企业。

2008年，盛锡福入选第二批国家级非物质文化遗产名录。

流　程

盛锡福皮帽制作工艺流程复杂，每道工序都要求精益求精。盛锡福加工制作一顶皮帽通常要经过几十道工序，从配皮、挑皮、吹风、刷水、平皮、手针齐缝儿再到机器缝制的整个过程，道道工序都有讲究：配皮要求毛的倒向要一致，毛的长短、粗细、密度、颜色、软硬程度等要一致，裁制皮毛时，顶刀、人字刀、月牙刀、梯子刀、斜刀、弧形刀、直刀、鱼鳞刀等种种刀法千变万化。缝制时要求顶子圆、吃头均、缝头匀，蒙皮面都要缝对缝、十字平，勾扇、翻帽、串口等工序的要求不一而足。

过去，盛锡福制作三块瓦皮帽的帽胎，一律使用新棉花，缝制后，要用棕刷子往上抹浆子，而且要把浆子透进胎里去。抹完浆子要放进火箱里烤，出火箱后还要用红烙铁熨，要把帽胎熨熟。这里说的"熟"，是制帽业的一句行话，就是外观微黄，帽胎既硬挺又绵软，这样做出的帽子不仅戴着舒适，还不会变形。之后用一层豆包布包起，豆包布附上皮面，再次放入烤箱烘烤。这种制法是天津盛锡福总号的传统制法。

盛锡福的老广告

孚德：楦型独特做工精

1933年，即墨人衣中秀联络三位同乡在青岛开设了"孚德号——秀记"，此即"孚德"鞋业的前身。开业之初，以修补旧鞋为主，后来制作各式男女皮鞋及童鞋，逐渐发展成为在青岛地区比较出名的民族企业。孚德鞋用料考究、做工精细、楦型独特、穿着舒适，深得消费者喜爱。

渊 源

1911年11月，衣中秀出生于山东省即墨县岙山镇溽沱村的一个农民家庭。由于家境贫困，他15岁便进入青岛申德鞋店做学徒。1933年申德鞋店倒闭，衣中秀联络三位同乡，凑足1000银圆，在安徽路31号开设了"孚德

FUDE

孚德的商标

号——秀记"。

衣中秀手艺超群，不论什么式样、何种脚型，都能按照顾客的要求做出合脚、舒适、美观的皮鞋。

1938年，为躲避汉奸地痞敲诈勒索，鞋店改变产业结构，停做男鞋，专营女鞋。

1945年抗战胜利，经营状况始见好转。1946年，追加投资，新购24平方米厂房一处，年产4500多双女鞋。

1949年6月，青岛解放，鞋店制定了面向大企业产业工人的经营方针和产品物美价廉的奋斗目标。

1956年1月，实现公私合营，鉴于孚德女鞋的卓著声誉，上级决定保留"孚德"的名称，正式成立孚德靴鞋厂，衣中秀任厂长。

自1966年起，开始向香港地区销售童鞋，并逐步将业务扩大到国外。

1997年，孚德在同行业中率先通过了ISO9000系列国际质量管理体系认证。

自2007年起，在市场竞争之下，孚德开始采取贴牌生产，孚德专注于服务与品牌的推广。

2016年，孚德皮鞋"秀记"定制体验店里配备了三维脚型测量仪，客户站在上面不用动，连接的电脑上很快就会生成数据报告，利用3D打印技术制定鞋楦。

流　程

孚德纯手工制作一双定制鞋，前前后后需要15天的时间。孚德一直以制鞋为圆心，从量脚定型、设计、刻楦、做跟、裁料到制帮底等所有工序，都总结出一套工艺要领，做出的鞋舒适美观，别具一格。

老美华：轻软耐磨老布鞋

　　天津老美华鞋店创建于1911年，专门经营缠足鞋，成为老年妇女的知心店。如今的天津老美华鞋店，以解决中老年消费者的需求、方便购买为宗旨，主要为中老年消费者服务。

渊　源

　　1911年初冬，来自宜兴埠的庞鹤年，在南市口买下一座三层店铺，随后用半个月的时间进行了市场调查，发现没有为缠足妇女服务的制作小脚鞋的鞋店，于是决定开一家专营坤鞋、缎鞋、绣花鞋及缠足鞋的鞋店，取名"老美华"。

　　庞鹤年经营有道，首先，要求店员要站有站相，坐有坐相，站姿端正，前不靠货柜，后不倚货架。伙计们的肩上搭着马尾做的掸子，在售货过程中，无论上高处或弯腰掸子都一动不动。其次，伙计们要做到一周一理发，两天一刮胡子，三天一洗大褂，要有一股买卖人的精气神儿。待客要主动热情，顾客到了，引进店来入座后，马上为客人沏茶倒水，顾客在品茶时，伙计就递上鞋请顾客试穿。同时掸子不离手，为客人掸裤脚，还要帮客人提鞋。店内客人买好鞋后，要送出门外。最后，在销售时，无论什么情况都不能讲"没有"二字，确实没有，可以为顾

老美华的商标

客定做鞋，在一楼画样子，三楼制作，鞋做好后伙计拿着提盒为顾客送货到家。

1999年企业改制后，老美华在全国范围18个省市创建发展了31家加盟连锁店，被市工商局认定为天津市著名商标。

2006年，老美华被商务部评为"中华老字号"。

2011年5月，老美华手工制鞋技艺被列入国家级非物质文化遗产名录。

流　程

过去，老美华上门量尺寸定做绣花鞋，并且送货上门。缎面一般要绣一些吉祥如意的内容，鞋面配色要求明快、和谐，针码要均匀。绣花鞋验鞋时，用酒精灯在一定的距离下，用火烫去鞋面上的毛绒眼，然后再用干净的手帕擦净鞋面，或者用刚刚蒸出笼的揭皮馒头滚鞋面，滚一次或反复几次，这样，线头都能被粘去，而鞋面上的绣花愈发显得亮丽，鞋面也同时被擦净，一双干净漂亮的绣花鞋就可以验货交工了。

至今，老美华鞋生产仍保留着传统手工操作，制作工艺经历了上百年的锤炼。

在选料上，老美华千层底布鞋鞋里选用新白布，鞋面采用瑞蚨祥的面料；工艺上，要完成粘、拉、调、配、套、沿、绱、排8道工序。纳好的底，码在大缸里用60摄氏度的水浸透，用六七厘米厚的木盖压好，缸口四周密封24小时，这样能使底子和线不脱股，增加牢度。

老美华请来鞋行的能工巧匠30多人，研究各种脚型，设计出30多种楦型，还研发出各种适合现代人的功能鞋，如晨练鞋、敬老鞋、踏石鞋、散步鞋、孕妇鞋、防滑鞋等。

培罗蒙：质量上乘不走样

培罗蒙创建于1928年，培罗蒙的西服外观上平、直、戤、登、挺，内涵上胖、窝、圆、服、顺，操作上推、归、拔、结、沉到位，成为海派西服的代名词，培罗蒙几代技师创出的传统绝艺也成为中国西服行业的骄傲。

渊　源

1928年，浙江的裁缝许达昌在上海虹口区创办了许达昌西服店。

1935年，西服店迁到静安寺路，并更名为"培罗蒙"。"培"意为培养、提高服装缝纫技艺；"罗"即罗纱，意喻布料；"蒙"含多蒙光顾之义，3个字合起来，就是用最高超的服装技艺竭诚为顾客服务。

二十世纪三四十年代的上海南京西路一带，是高档西服店的聚集地。其中尤以培罗蒙、亨生、启发、德昌四家最受欢迎，并称"四大名旦"。为独占鳌头，培罗蒙不惜重金聘请王阿福、沈雪海、鲍公海、庄志龙等裁缝高手做裁剪师傅，配备上等技师，使培罗蒙精英荟萃，人才济济。培罗蒙对服装选料也特别讲究，面料和里辅料都选用进口布料，加上精细繁杂的制作工序，知名度和美誉度越来越高。

1949年上海解放后，培罗蒙从为社会名流定制西服，改成以经营普通服装为主。

1980年，重新启用"培罗蒙"的招牌，设计、制作海派西服，受到百姓的欢迎。

2007年、2011年，培罗蒙

培罗蒙的标识

的缝制工艺先后入选上海市级和国家级非物质文化遗产。

流　程

培罗蒙的工艺包括：炉火纯青的推、归、拔、整的西服制作"四字真经"，以及一丝不苟的量体、裁剪、试样、改样、缝制、检验的"制衣六环节"。

在选料上，面料、里辅料都选用进口名牌产品，在做工上采取量体裁衣，毛壳、光壳两次试样。面料熨烫覆衬需冷却24小时以上，辅料热缩、水缩两次，缝制一套西服需60小时左右，切实做到面料高档、做工讲究、质量上乘、久不走样。

2000年，培罗蒙又开发出人体测量储存系统，2005年至2007年，培罗蒙自动裁剪、自动设计和自动试样系统接连问世，将服装的144道工序精简成99道，制作一套西服的时间最快可缩减至22小时。

亨生：量体裁衣做工精

亨生公司是上海著名的"中华老字号"企业，创始人是徐继生，奉行"顾客至上、精益求精、中西结合、不断创新"的治店理念，其经营的男式西服、大衣、礼服等，选料讲究、做工精良、款式新颖、穿着舒适，久负盛名。

渊　源

鸦片战争后，大使馆、领事馆、租界、洋行等机构应时而生，原来的长袍、马褂、对襟衣已经落后于时代，很多裁缝铺开始制作西服，一些生意好的裁缝店，开始租店创牌，并逐渐形成气候，亨生便是其中的佼佼者之一。

亨生公司创建于1929年春，是徐继生与人合伙开设，最初取名"恒生西服店"。1933年，商店改名为"亨生西服店"（英语Handsome的译音），意为英俊潇洒。

徐继生为主顾定制西服，手艺高超，也带出一批著名的徒弟，培蒙西服店的周凤奎、启民西服店的忻富来、凯乐西服店的邵光达以及隆茂西服店、雷蒙西服店等西服店的老板，都是徐继生的弟子。徐继生裁剪技艺高强，加之精工缝制、服务周到，因而赢得了顾客信任，"亨生"名气大扬。徐继生治店有方，他提出"宁少勿多，宁精勿滥""顾客是我们的衣食父母"的治店准则，他常常告诫员工："创牌子不易，毁牌子便当。"所以，徐继生对进料、量体、裁衣、缝制等每道关口都把得非常严。

抗日战争胜利后，徐继生的长子徐馀章继承父业。徐馀章思维敏锐，预见西装、中山装将成为国际服装，这是个机遇。因此，他借来一笔钱，租下两间店面，于1947年春在新址开张营业。果然不出所料，四方顾客慕名而至，加之经营得法，生意更加红火，遂成为上海滩西服业的一家名店。

中华人民共和国成立之初，第二代传人徐馀章招收了一批徒弟，其中较有代表性的是林瑞祥。

改革开放后，亨生又培养了一大批新生代传人，目前他们大部分活跃在

民国时期已经开始流行穿西服

第一线，为亨生的传承做着自己的贡献。

1993年，"亨生"被中华人民共和国国内贸易部认定为"中华老字号"企业。

2006年底，再次被商务部认定为"中华老字号"企业。

2007年，亨生奉帮裁缝缝纫技艺又先后列入静安区和上海市非物质文化遗产保护名录。

2011年5月，亨生奉帮裁缝技艺被列入国家级非物质文化遗产名录。

流　程

过去，上海西式服装的制作工艺讲究"四功"（刀功、车功、手功、烫功）、"九势"（肋势、胖势、窝势、戤势、凹势、翘势、剩势、圆势、弯势）、"十六个字"（平、服、顺、直、圆、登、挺、满、薄、松、匀、软、活、轻、窝、戤），"七工头"就是该制作工艺的集中体现（在上海的服装业中，曾流传"七工头"和"五工头"之说。所谓"七工头"即一件上装要耗时七个人工，而亨生便属于"七工头"的档次）。当年，上海滩"七工头"的西服店仅有"亨生""培罗蒙""启发"和"乐特尔"四家。

亨生的"七工头"服装特色是运用"四功"达到"九势""十六个字"。如：为使服装久穿不走样，在流程中采用了"中间烫"工艺，即工序中的边做边烫，随时定型，使之不走样；推门覆衬后，要根据气候的特点、空气中的潮湿度不同，让衣片凉透、干透定型，使之成衣后，在各种气候条件下都不走样；又如：为使中山装能有更好的造型，在做中山装特有的立领、老虎袋时，改进工艺，使领面平服，领窝圆顺，左右领尖不翘；老虎袋宽松窝服。

亨生裁缝技艺是上海裁缝的精华和代表，亨生的工艺已经被核准为上海市非物质文化遗产。

孔凤春：膏体细腻香气久

孔凤春香粉号创建于清同治元年（1862年），杭州的五大名产"杭剪、杭粉、杭烟、杭锦、杭扇"中的杭粉指的就是孔凤春。孔凤春化妆品一贯以做工考究、膏体细腻、香型独特深受广大消费者认可，是浙江省著名商标。

渊　源

祖籍萧山的孔传鸿，很小就只身前往杭州，背着货架来往于大街小巷做"刨花"生意。"刨花水"是旧时妇女梳头用的必需品。由于孔传鸿做生意向来童叟无欺、价格公道，再加上货物质量上乘，不出几年，他就积累下了一笔资金。

孔传鸿叫来另外两个各有所长的兄弟——会木工手艺的老大孔传珍和会染坊手艺的老三孔传福，兄弟三人决定开个店铺扩大经营。

清同治元年（1862年），杭州"孔记香粉店"的商铺正式开张。后来，因为孔传鸿梦见孔雀和凤凰凌空飞来，于是请人书写"孔凤春"3个大字，制成牌匾。

店铺经营得当，生意兴隆，并研发出了几种名震一时的王牌产品，孔凤春鹅蛋粉即是其中最响亮的一个。鹅蛋粉制作精细、用料考究、细腻爽滑，成为当时同类产品中的佼佼者。传说慈禧太后也颇爱用孔凤春的鹅蛋粉。鹅蛋粉因此也有了"宫粉""贡粉"的称号。

二十世纪初的二三十年里，孔凤春发展到了它历史上最辉煌的时代。据当时的调查资料显示，杭城的大小化妆品店共计16家，而孔凤春的资本数就占总资本数的55%左右，营业额也占到总数的50%左右，可以说独占鳌头。

民国时期孔凤春生产的产品标识页

1929年，第一届西湖博览会在杭州召开，孔凤春有8种产品获奖。

1992年，吴文琴接手孔凤春。经过10年的努力，到2003年，孔凤春走出困境，小有盈利。

2006年10月，孔凤春入选首批"中华老字号"企业。

流　程

孔凤春产品众多，其中鹅蛋粉最为有名，它状如鹅蛋，采用产自太湖边的吴兴石，加一定比例的钛白粉，倒入缸中加清水搅拌，经多次漂洗、沉淀、过滤、除去杂质，然后在提炼纯净的粉中加入蛋清，按不同香型，放入高温蒸煮而成的鲜花露水，拌匀后，用木模印成椭圆形，放在阳光下晒干，最后用手工修整成鹅蛋形。制成后，香气久留不散。

谢馥春：鲜花熏染冰麝香

谢馥春源于清道光十年（1830年）创立的谢馥春香粉铺，其传统产品鸭蛋粉、冰麝油及香件，统称谢馥春"三绝"，谢馥春"鲜花熏染、冰麝定香"的制作工艺已被列入江苏省非物质文化遗产名录。

渊　源

元、明两个朝代的地方志中就有记载："天下香粉，莫如扬州。"扬州香粉的制造发源于汉朝、晋朝之际，皇宫妇女均喜搽粉，少数官绅青年男子也喜搽粉。到了隋唐年间，皇宫里从老人到青年人均喜搽香粉。宋代，扬州市出现了专门以经营销售香粉为主的化妆品店铺作坊。到了清康熙年间，做贸易的商贩将扬州香粉带入京都，传进皇宫，宫内妃子宫娥都喜欢用扬州香粉。

谢馥春的标识

谢馥春创始人谢宏业取"谢馥春"为店名，"谢"为姓氏，汉语中是凋零衰败之意，故加"馥春"二字，"馥"字意为馥郁芬芳，并与"复"字谐音，与"春"字相连，即寓回春之意。谢馥春香粉铺在江苏扬州起家，主营香粉、头油等。

当时，扬州香粉以戴春林、薛天锡、谢馥春三家规模比较大，首屈一指的是以生产宫廷粉饼而出名的戴春林香粉店。谢馥春属后起之秀，将戴氏香粉店中掌握生产技术秘诀的师傅招进店内，又利用同样的方法使薛天锡香粉店大伤元气。从此，三店归谢，谢馥春集三家之长，独树一帜，主宰了扬州

谢馥春的老广告

的香料市场。

1853年，太平军攻占扬州，谢宏业死于战乱，携子出逃的妻子戴氏逃过一劫，但店铺、家当被抢劫一空。

1864年，戴氏带儿女回到战火洗礼后的扬州，盖起馥园——前边是作坊，后边是私宅。

1905年，17岁的第四代传人谢箴斋成为掌柜，不仅改进了香粉工艺，还首创了比鹅蛋粉价格更高的鸭蛋粉，成为谢馥春的"拳头"产品。

1915年，谢馥春在旧金山获得银质奖章，凭借的正是鸭蛋粉和香件。

1949年11月，扬州15家香粉店联合成立了香粉业同业公会，推选谢箴斋为理事长，当时扬州的香粉业中谢馥春的营业额占96%。

1956年，谢馥春香粉店公私合营，成立了公私合营谢馥春香粉厂，主要产品有鸭蛋香粉、冰麝头油、雪花膏、蛤蜊油等。

1966年，更名为"地方国营扬州日用化工厂"，开发了卫生丸、清凉油等产品。

1989年，谢馥春被评为江苏省省级先进企业。

2002年1月，谢馥春歇业改制。

2005年，扬州化工资产经营管理公司牵头重组谢馥春，成立扬州谢馥春化妆品有限公司。

流　程

过去，谢馥春的香粉原料精选广东铅粉与邵伯糊粉坊专门为其加工的石粉、米粉、豆粉，结合时令，选用白兰、茉莉、珠兰、玫瑰等鲜花，再加以适量冰片、麝香，制成既有花香又有保健作用的各种香粉。在包装上，上等香粉用锦盒、锡盒，缎面绒里，装上各式香粉，盒子有圆形、方形、海棠形，盒面刻有龙凤图案，庄重典雅，美观大方，大受顾客欢迎。

谢馥春除生产香粉，还经营梳头油。谢馥春率先用药材炮制头油，所用药材有大黄、甘松、白芷、良姜、广木香、月桂皮、洋冰、侧柏叶、松香、麝香等20余种，头油名称也改为冰麝油。冰麝油具有润泽、乌发、去垢、止痒、解毒、消炎等功能。

谢馥春还做棒香。棒香又分藏香、白芸棒香、黑色棒香三大类。除了棒香，还有香件。香件种类很多，主要有香囊、香袋、香珠、香串、香扳、香镯、香戒、香牌、香、香笔架、香墨床等。所用原料有川贝子、大黄、血蝎、乳香、末药、冰片、麝香、丁香、肉桂、甘松、藿香、芸香、檀香、樟脑等。

谢馥春生产的润肤油标识页

张小泉：钢铁分明品种丰

北有"王麻子"，南有"张小泉"。张小泉创始于1663年，所制剪刀钢铁分明、磨工精细、剪切锋利、开合和顺、样式新颖、手感轻松，一直为人所称道。张小泉首创并传承的"镶钢锻打"工艺，更是中国传统制剪的绝活儿。

渊　源

张小泉的父亲张思家自幼在以"三刀"闻名的芜湖学艺，后在黟县城边

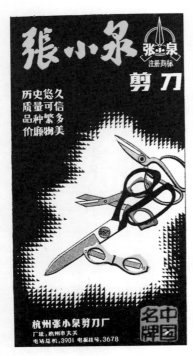

张小泉的老广告

开了个张大隆剪刀铺，前店后家。明崇祯年间（1628年），清兵入关后，他逃到杭州，在城隍山下开设张大隆剪刀作坊。他的儿子张小泉继承父业，苦心钻研，制剪技术又有提高，生意十分兴隆，因有人冒"张大隆"牌号，他便把招牌改为"张小泉"。后来为防止冒名仿制，其子张近高在"张小泉"名字下加上"近记"二字，视为正宗。

张小泉传至张祖盈时，制剪技术在杭州已传8代，张祖盈以"海云浴日"商标，送至知县衙门，并报农商部注册，商标上还加上"泉近"字样。

1915年，张小泉近记剪刀在巴拿马万国博览会上获奖，从此剪刀远销南洋和欧美。

1917年，张祖盈将剪刀表面加工改为抛光镀镍，更加受顾客欢迎。

至中华人民共和国成立前夕，张小泉剪刀店濒于停业。1953年，政府把剪刀工人组织起来，建立了张小泉剪刀厂。

1958年，地方国营杭州张小泉剪刀厂正式被政府授牌成立。

1997年，张小泉被评定为"中国驰名商标"。

2000年，企业顺利转制，杭州张小泉集团有限公司成立。

流　程

很早以前，制剪刀是用铁打。张小泉发明了"嵌钢"工艺，就是把一块钢条镶嵌到铁块中，再在高温下融合，钢做刀刃，铁做刀身。钢比较硬，所以做出来的刀非常锋利。

张小泉传统制剪工序中有两项精湛独特的制作技艺历经磨炼被延续下来，一是镶钢锻打技艺，造剪一改用生铁锻打剪刀的常规，选用浙江龙泉、云和的好钢镶嵌在熟铁上，并采用镇江特产质地极细的泥精心磨制，经千锤百炼，制作成剪刀刃口，并用镇江泥砖磨削；二是剪刀表面的手工刻花技艺，造剪工匠在剪刀表面刻上西湖山水、飞禽走兽等纹样，栩栩如生、完美精巧。

张小泉手工制剪第一道工艺是试铁、试钢，把原料经过炉火加温后，放入水中冷却，然后通过锤子锤打，断裂的为钢，不断裂的则为铁。接下来就是嵌钢。镶嵌时锻打温度要求在1200℃左右，火候把握不好，直接影响到剪刀质量。淬火的温度要比锻打时低，火光的颜色有点像杨梅颜色为宜。淬火时要刀背先入水，因为如果刀刃先入水，薄薄的刃口容易断裂。俗话说"好钢用在刀刃上"，剪刀经过淬火后，可以使刃口的钢材料性能更佳。

王星记：香味清雅檀香扇

王星记扇庄，创建于1875年，创始人王星斋，祖辈从事制扇业，其制作的扇子以选材优异、做工考究而闻名于世，尤以香味清雅的檀香扇和牢可挡雨蔽日的黑纸扇著称，具有十足的中国情趣。王星记扇子和浙江丝绸、龙井茶并称"杭产三绝"。

渊　源

宋代，许多画扇艺人和制扇工匠随着宋室南渡，聚集于杭州，此时的扇子名目繁多，有细画绢扇、细色纸扇、影花扇、藏香扇、漏尘扇……，并且涌现出很多的著名商号，据吴自牧《梦粱录》的记载，著名的商号有"徐茂之""青篾""周家""陈家"等。

中国第一製扇専家

杭州王星記扇莊

創目前清同治年間 業中領袖 世界閩名 歴史悠久
出品精良美備 賽會均得褒獎 銷遍全球 聲譽卓著

杭州 上海 縂店 徙行所
太平坊大街 南京路七七號 九江路七七五號
永新社直對 門牌 大觀樓
電話 電話
九○六三七 九四○六

王星记的老广告

至明清时期，杭扇的发展达到顶峰，扇业工匠遍布杭城。民国初年的《中国实业志》记载：清中叶杭城营纸扇业者，总计有 50 余家，工人之数达四五千人，可见当时杭州城扇业规模之大。

杭州王星记扇厂的前身，就是当年的王星记扇庄，始于清朝，创始人王星斋的祖辈从事制扇业，王星斋自幼学艺，20 多岁时已成为制扇名匠。婚后，王星斋在其岳父帮助下，制成扇子后零星贩卖。1893 年前后，王星斋将家庭作坊中所做扇子运到上海出售。由于制作精细，所产高级花扇深受贵族和文人墨客喜爱。因制作的黑纸扇工艺考究、制作精良，常被作为杭州特产进贡朝廷，故黑纸扇又被称为"贡扇"。

随着销量的不断增加，王星斋的扇庄有了一定的资本积累，发展为中型的制扇工场，与当时杭城生产著名黑白光扇的张子元、舒莲记并驾齐驱，成为杭城扇业三大名庄之一。

王星斋扇庄后改名为王星记扇庄，1901年王星斋到北京，正式设王星记扇庄。

宣统元年（1909年），王星斋病故，其子王子清继承父业。他率先以檀香木为材料，取西湖名胜"西泠""玉带""双峰"为名制作檀香扇。1929年，王子清向政府注册了"三星"商标。

中华人民共和国成立前期，由于社会动荡，王子清移居香港，王星记交由其子王雄飞经营。1952年5月，杭州城舒莲记、马学记等扇行因资不抵债而先后倒闭，王星记便成了杭州仅存的传统扇子制作商家的代表。

1956年，王星记扇庄进行了公私合营，被收归国有。

1958年，杭州市政府发文成立王星记扇厂，广招失散的王星记制扇艺

杭州王星记的老广告

人，恢复和扩大生产，恢复启用王星记扇庄原商标"三星"，使得王星记扇业得以传承。

1966年，王星记扇厂更名为杭州东风扇厂，1977年复名王星记扇厂。

2000年，企业进行改制。2001年，被评为全省首批传统工艺美术保护品种。

2004年，王星记扇子被评定为浙江省名牌产品。

2008年，王星记制扇技艺被列入国家级非物质文化遗产名录。

流　程

王星记扇以黑纸扇和檀香扇最负盛名。

1. 黑纸扇制作工艺

黑纸扇选料讲究，制作精细，以毛竹作为原料的称为全本黑纸扇，以棕竹为原料的称为全棕黑纸扇，以毛竹本色制作的称为全玉黑纸扇，等等。

黑纸扇制作工艺复杂，选材精良，其工序要经过制骨、糊面、上页、折面、整形、砂磨、整理等86道工序。它的扇面采用临安於潜桑皮纸，诸暨柿漆，福建建煤，经过大小86道工序精制而成。要把它放在烈日下晒，冷水中泡，沸水中煮，各经10多个小时，取出晾干，不折不裂，平整如初，才是一把好扇。

2. 檀香扇制作工艺

檀香扇是王星斋之子王子清发明的。

早期檀香扇是以数十根薄如竹篾的檀香木作扇骨，再在扇骨上裱糊纸面作扇面，稍后

王星记制作的工艺扇

又裱糊绢面，其成品类似白纸折扇。后来改为全部用檀香木片连成扇子，其制作过程也更加复杂、精细，做好一把檀香扇要两三个月的时间。

制作的工序主要分为锯片、造型、组装、装饰、裱糊、绘画、串带等工序。操作工艺为拉花、烫花、雕刻。用钢丝锯在薄薄的扇片上，用手工拉出数百个大小不一、形状各异的上万个小孔，组成千变万化、虚实相宜的多种精美图案、独特的加工工艺，使檀香扇更加精细、高雅。

戴月轩：齐尖圆健好毛笔

戴月轩笔店坐落于北京宣武区（今西城区）琉璃厂，始建于1916年，其创始人是浙江省湖州市善琏镇的戴月轩。戴月轩每制作一支湖笔要经过多道工序，每道工序都要认真操作，严格把关，所以所制之笔都能达到内优外美，笔头尖、齐、圆、健，支支有笔锋，深受书法家和画家的信赖。

渊　源

戴月轩幼年到北京，在北京琉璃厂东口的贺莲青湖笔店当学徒。他刻苦学艺，未出师便小有名气。民国五年（1916年），戴月轩和几个制笔的工友在琉璃厂开设了戴月轩笔墨庄，所用原料，都从盛产毛笔的浙江省湖州的吴兴县善琏镇采购。

原料到货后，戴月轩和伙计动手加工、精心制作，并在所有产品上刻上"戴月轩"3个字。戴月轩还采购湖州的毛制作羊毫，专用冬季黄鼠狼尾巴上的毛制作狼毫，以江南野兔的毛制作兔毫。

戴月轩的标识

2006年，戴月轩被商务部认定为首批"中华老字号"企业。

2007年6月，戴月轩湖笔制作技艺被列入北京市非物质文化遗产名录。

流　程

戴月轩湖笔制作技艺是非物质文化遗产保护项目，戴月轩毛笔的制作技艺采用的方法是披柱法。披柱法就是先做成毛笔头中心的"笔柱"，也称"笔胎"，然而在笔柱上覆上一层薄薄的披毛，把笔柱紧紧抱住，这种做法即为披柱法。

戴月轩的制笔流程大致分设计、选料、配料、拔毛、水盆（齐材子、垫胎、分头、做披毛）、结头、蒲墩、装套、择笔、刻字等。每道工序又有若干道小工序，做一支笔大小工序要近百道。在这上百道工序中，挑毛是最重要的。以羊毫笔为例，不直的不行，没有锋的不行，粗细不均的也不行，要一根一根地精挑。

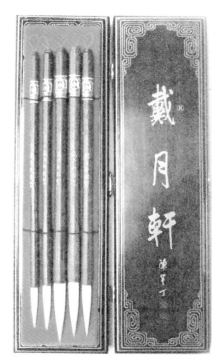

戴月轩的产品

戴月轩毛笔以尖、齐、圆、健的"四德"著称，品种繁多且各有特色。

邵芝岩：精工细制保品质

杭州邵芝岩笔庄毛笔制作技艺系纯手工，制作工艺精湛，品质优良，享誉海内外，早在清朝就被列为朝廷贡品。

渊 源

杭州邵芝岩笔庄创始人邵芝岩

邵芝岩笔庄，原名粲花室，开建于清同治元年（1862年），创始人是慈溪人邵芝岩。笔庄自创建以来，多次在中外会展上获奖。尤其是"芝兰图"毛笔，自1983年起被商业部定为全国六大名牌产品之一。

1956年公私合营，邵芝岩与石爱文笔庄合并，后又并入隆泰昌文具店。改革开放后邵芝岩笔庄重新开业。

1992年，芝兰图、紫竹峰颖、墨趣毛笔获第五届国际亚太博览会金奖。

1999年，邵芝岩被中国文房四宝协会评为全国文房四宝著名品牌。

2006年，邵芝岩被商务部认定为第一批"中华老字号"企业。

如今，杭州邵芝岩笔庄已被列入杭州市历史建筑保护单位。

流 程

杭州邵芝岩笔庄毛笔制作技艺主要工序有笔料、水盆、结头、装套、蒲墩、镶嵌、择笔、刻字等12道，大小工序达120余道，每道主要工序分别由

技工专司，制作选料精细，工艺
精湛。

旧时邵芝岩笔庄的广告

邵芝岩造笔主要分水盆工和
旱作工，水盆就是将浸在水里的
毛边梳、边理、边挑。把用不来
的毛剔除，分出长短、好坏，再
梳再理。接下来是旱作工，经过
扎头、装笔、择笔、刻字等工序，最后制成成品。

可以做毛笔的动物毛很多，比如羊毫、紫毫（兔毫）、狼毫（黄鼠
狼）、鹿毛、鼠须、狸毛、貂毫、猪鬃、马鬃，等等。每种动物什么时候取
毛，取的是什么部位的毛，都有讲究，比如黄鼠狼毛只有从头顶到背脊两行
细细的毛、外加尾巴上的毛是好用的。取毛的季节也大有讲究，山羊毛、山
兔毛和竹笔管均须在冬季采集，称为"三冬"。"七紫三羊"所用的紫毫，
只能用野兔背脊上那一小撮弹力特佳的毛。每千只山兔仅有紫毫一两上下。

胡开文：造型新颖墨精良

胡开文墨业创始人是胡天柱，徽州绩溪县人，是清乾隆时期的制墨名
手。胡开文制墨，集各家之长，与曹素功、汪节庵、汪近圣并称"清墨四大
家"。胡开文制墨的原料有油烟和松烟两种，油烟墨色泽光亮，松烟墨乌
黑润和，"落纸如漆，万载存真"，胡开文墨店为人们留下了光耀千古的
墨迹。

渊 源

南唐时期，休宁曾涌现出一批能工巧匠，为官府所招募治墨。自宋代

以后，尤其是明中期以后，徽州可说是中国墨在民间唯一的产地。而徽州制墨，又有歙派、休宁派与婺源派之别。

明代以后，随着经济、文化的发展，在休宁县境内聚集了一大批制墨家，如汪中山创制的集锦墨，汪鸿渐创制的琴式墨等。

清以后，相继出现了吴天章、汪启茂、王丽文、吴舜华、胡开文、胡同文、胡子卿等墨家。清嘉庆年间，胡开文墨店更是将集锦墨发展到了极致。

胡开文墨店的创始人胡天柱13岁时，去休宁"汪启茂墨室"当学徒。1760年，胡天柱19岁时，去屯溪开了"彩章墨店"，经营墨业。1765年，年仅24岁的胡天柱在海阳（休宁）开了胡开文墨店。1775年，胡天柱将初租的屯溪彩章墨店，更名为胡开文墨庄（屯溪店），只销售不生产，墨品由休宁墨店供应。

1834年，胡氏分家，休宁店归二房余德，屯溪店归七房颂德，其他各房回家乡自立门户，或经营茶号、枣庄、典业，或依靠田租生活。

胡开文制作的老墨

民国时期，由于墨汁、墨水的盛行，休宁的胡开文墨店开发出一批顺应时代潮流的作品，代表作品为中华民国开国"纪念墨"和"地球墨"。

中华人民共和国成立前夕，有老胡开文、胡开文正记、胡开文顺记、胡开文仁山氏四家，年产量不到两吨。1956 年，四家墨庄合并为地方国营歙县徽墨厂。

1980年，胡开文墨获中华人民共和国质量金奖。

1982 年，歙县徽墨厂更名为"歙县老胡开文墨厂"。

1994年，获第五届亚洲及太平洋地区国际博览会金奖。

2006年，徽墨制作技艺被列入首批国家级非物质文化遗产名录。

流　程

胡开文制墨所用原料极为考究，墨中加入麝香、梅片、冰片、珍珠粉等名贵配料，使成品墨香四溢，贮存时间延长，渗染能力增强。徽墨主要以松

胡开文制作的老墨

烟、桐油烟、漆烟、胶为主要原料制作而成。徽墨制作设有雕模、点烟、制墨、晾墨、打磨、描金等10多道生产工序，其中雕模工序需要在一块成型的木料上，反向雕刻各种图案和文字。和料工序是个力气活儿，点烟完成的墨加入胶和成墨块后，要竭力搅拌均匀，然后捣杵。经过10余道工序的成品墨具有色泽黑润、坚而有光、入纸不晕、经久不褪、馨香浓郁、防蛀等特点。

鸵鸟：字迹牢固不褪色

天津市鸵鸟墨水有限公司是中国第一滴墨水的诞生地，"鸵鸟"牌曾荣获"中国墨水王"等奖项，"鸵鸟"商标被国家工商局认定为"中国驰名商标"。"鸵鸟"产品质量稳定，顾客满意，在国内享有很高的知名度和信誉度。

渊　源

"鸵鸟"牌墨水始创于1945年，发明人是山东招远县（今招远市）大

过去的鸵鸟墨水商品介绍手册

董村人郭尧庭。郭尧庭15岁离乡到辽宁丹东诚文信文具店学做生意，1934年，诚文信文具店为避开伪满对东北的经济管制，开拓新的销路，派郭尧庭到天津推销书籍和文具，同时筹建诚文信天津分店。

1935年，诚文信天津分店开张，字号为诚文信德记文具店。郭尧庭任副经理，负责采购和推销工作。当时国产墨水质量不高，无法与进口货抗衡。郭尧庭决心改革国货的品种和质量，让市场接受国货，早日结束洋货垄断市场的局面。

1940年后，他先后研制出了蜡笔、复写纸、速写纸和纸石板等。其后，转向研究墨水。后经研制，1942年生产出普通纯蓝墨水，开始以"丽得"牌命名，后来考虑此牌有崇洋色彩，在他们研制成功鞣酸铁墨水后，于1945年创立"鸵鸟"品牌。鸵鸟是一种有耐力的动物，以"鸵鸟"为品牌可以象征墨水字迹牢固性好、稳定性强，长期使用也不会沉淀变质，另外鸵鸟在沙漠中畅行无阻，创始人希望"鸵鸟"牌墨水也能畅销全国。

1962年，首创了碳素墨水，将档案书写永久保存成为现实。

1979年，领先国内各厂家率先发明了运笔流畅、易书易画的书画墨汁，使书画更简易快捷。1990年，引进日本PILOT公司技术软件生产荧光墨水。

1994年，研制开发计算机喷涂打印墨水。

1998年，魏淑荣初任厂长，决定对企业进行改制。9月，天津市鸵鸟墨水有限公司成立。

1999年8月，研制成功具有高附加值、高技术含量的喷码墨水和添加剂，产品迅速打开国内市场，销售收入节节攀升。

2006年，鸵鸟被商务部评为

过去的鸵鸟墨水老广告

"中华老字号"。

2010年，企业通过国家高新技术企业认定，公司的喷墨打印墨水以及喷码、打码系列墨水已经达到国际先进水平。

2012年，鸵鸟在广东、福建、湖南等多省市设立省级批发点。

如今，天津市鸵鸟墨水有限公司是一家集生产加工、经销批发于一体的有限责任公司。

流　程

从1942年起，郭尧庭开始在店里组织研制墨水的试验。在选用生产原料时，经过反复比较，决定采用德国的金牛牌。对制墨水的水质，尽管白开水基本能达到要求标准，他们还是选用了磺化煤处理水。经过反复试验，1945年终于研制出了鞣酸铁墨水，即蓝黑墨水。

如今，天津墨水厂主要生产钢笔墨水、毛笔墨汁、打印机墨水和马克笔墨水等，是国内指定的墨水质量检测单位。

一得阁：书写流利墨迹光

北京一得阁始建于清同治四年（1865年），坐落在北京琉璃厂古文化街，以墨汁名扬天下。创始人谢崧岱深感研墨不便，研制出可以与墨锭媲美的墨汁，墨色漆黑而映青蓝，墨质浓而不凝涩，墨味清而泛馨香，汁液细腻焦浓适宜，堪为墨之上品。

渊　源

谢崧岱，湖南湘乡人，其父亲谢宝镠，曾做户部主事，后转员外郎。谢户部生有4个儿子，谢崧岱为长子。据谢氏家谱《谢氏大宗族谱》记载，谢崧岱于清道光二十九年（1849年）十月初五生。清咸丰十年（1860年），12岁的谢崧岱从湖南前往北京，后选送太学，即当时的最高学府国子监。他曾官授国子监典簿、正七品文林郎。

一得阁生产的墨汁

谢崧岱深受研墨之苦，便和几个朋友认真研究制墨的方法。经过多次试验，他终于选用油烟，再加上其他辅料，制成了能与墨锭相媲美的墨汁，亲自书写对联赞美墨汁："一艺足供天下用，得法多自古人书。"墨汁试制成功后，谢崧岱于清同治四年（1865年）开办了墨汁店，并取对联的首字，定店名为"一得阁"。谢崧岱去世后，将店铺传给了弟子河北省深县（今深州市）人徐洁滨。在他的掌管下，一得阁的生产经营规模不断扩大，在天津、上海、西安、郑州等文人云集的大城市先后开设分店。

1956年，一得阁实现公私合营，组建了一得阁墨汁厂。

1996年5月，一得阁牌墨汁、中华牌墨汁和北京特制八宝印泥，被北京市科委核准为国家秘密技术项目。

2004年，一得阁墨汁厂改制为"北京一得阁墨业有限责任公司"。

2005年，一得阁墨汁制作技艺被列入北京市非物质文化遗产名录。

2006年，一得阁被商务部授予"中华老字号"称号。

2009年7月，一得阁墨业申请注册"一得阁"商标，随后在2013年5月经商标局核准注册，核定使用在第16类墨汁、印台、印泥等商品上。

2014年，一得阁墨汁制作技艺被列入国家级非物质文化遗产名录。

流　程

一得阁墨汁是采用四川高色素炭黑、骨胶、冰片、麝香、苯酚为原材料，运用传统工艺精细加工而成。著名产品"惜如金"于1922年由一得阁第一代传人徐洁滨发明，墨汁主要原料为高色素炭黑和油烟原料，属于浓烟墨汁，其墨分多色、层次感强。

一得阁生产的八宝印泥也是传统的产品，不但有稀有珍贵的物质，还需要百年的蓖麻油进行调制，经过太阳晒和冬天的自然冷冻，使之一年四季适用。

荣宝斋：木版水印工艺深

坐落在北京和平门外琉璃厂西街的荣宝斋，前身为创建于1672年的松竹斋，1894年更名为荣宝斋。荣宝斋有一项称雄书画界的绝技——木版水印。木版水印技术是荣宝斋在中国传统雕版印刷术的基础上不断改进发展起来的，成品具有酷似原作的特殊效果。荣宝斋的木版水印技术也因此名列第一批国家级非物质文化遗产名录。

渊　源

据有关史料所载，荣宝斋的前身是松竹斋，始建于清康熙十一年（1672年），后于清光绪二十年（1894年）更名为荣宝斋。

松竹斋的创办者是一个浙江人，姓张，他最初是用其在京做官的俸银开办了一家小型南纸店。松竹斋的店主不谙经商买卖之道。张家的后代经营无方，难以维持。店主人聘请了当时的京师名士庄虎臣为经理，下决心弃旧图新、改变面貌。清光绪二十年（1894年），将店名改为荣宝斋，取以文会友、荣名为宝之意。

随着时光的推移，业务领域的不断扩展，以后荣宝斋又以其绝技木版水印闻名中外。

1950年公私合营，1952年荣宝斋成为国有企业。

1967年，荣宝斋改为人民美术出版社第一门市部。

1974年，荣宝斋从人民美术出版社划出，直属国家出版局领导。

1993年，成立了荣宝斋出版社。

1994年以后，相继成立了荣宝艺术品拍卖有限责任公司以及其他所属公司。

荣宝斋制作的木版水印画

1998年5月，荣宝斋隶属于中国美术出版社总社。

2004年3月25日，国务院授权成立中国出版集团公司，包括中国美术出版社，荣宝斋也隶属于中国出版集团公司。

2007年，荣宝斋被评为"中国文化创意产业领军企业"。

2009年被评为"中国十大最具历史文化价值百年品牌"。

2011年，被文化部列为首批国家级非物质文化遗产生产性保护示范基地。

2015年，荣宝斋被评为"全国文明单位"。

荣宝斋制作的木版水印牡丹图

荣宝斋制作的木版水印花朵图

流　程

纸、墨、笔、砚是每个书画家的必需品。荣宝斋销售的宣纸要求柔韧而润、光而不滑、折而不损、细薄而匀、吸水性强、着墨易收。荣宝斋所经销的毛笔，大多由全国

荣宝斋的贡宣

各地名店高手加工制造，还会根据书画家的需要向制笔厂（店）定制有特殊要求的毛笔。

荣宝斋除了经营旧墨，还监制质量要求高的新墨。凡是荣宝斋售出的墨，无论是块墨还是墨汁，无论是旧墨还是当代产的墨，都以质量优良名扬海内外。

荣宝斋经销的其他文房用品，也都质量上乘。如裱画用的绫，做册页面用的锦，精瓷的笔筒、笔洗等也是直接到苏州、杭州、景德镇的厂家定做的。

荣宝斋做的木版水印，是中国木版水印的最高水平。荣宝斋的木版水印，最便宜的要500元以上，稍微大一点的就过千元。荣宝斋木版水印全部由手工操作，工艺过程极其繁缛、精细而艰辛，大致需要经过选稿、勾描、刻板、印刷、装裱5道工序。完成一幅木版水印画作品，少则数月，多则数年。制作工艺为：

1. 勾描

勾描是木版水印的基础。第一步先把画稿上不同的笔触和颜色进行分版，凡同一色调的笔迹均划归一套版内，原作上有多少颜色层次，就描成多少张稿子，即分成几套版。色彩简单的画面有二三套至八九套不等，画面工细复杂的要分到几十套，大幅的甚至要分到几百套到上千套。

2. 刻板

将勾描好的墨稿粘在木板上付刻。雕刻所选用的板材，大都选用梨木，

其表面要刨得平整光滑。雕刻者以月牙形的刻刀在木板上进行精雕细刻。

3. 印刷

各分版刻成后，依次逐版套印成画。印刷使用的纸（或绢）、墨、色等材料和原作材料完全一致。

4. 装裱

装裱师根据画面艺术效果的需要，选择恰当的绢、绫、锦等装裱材料，并按原作分类，装裱成立轴、横披、册页等形式，也可托裱后装框，使水印制品的装饰与作品的内容相融合。

老凤祥：精雕细刻金银器

上海老凤祥有限公司创始于1848年，商标"老凤祥"源于老凤祥银楼的字号。老凤祥以制作金银首饰、珠翠钻石、珐琅镀金等上乘工艺品为主。如今，形成"白玉、翡翠、珍珠、有色宝石、牙雕、珐琅、K金眼镜"等"老凤祥新七类"系列产品，是全国首饰行业最大的集团之一。

渊　源

早在新石器时代，我们的祖先就开始用天然石料制作来装饰自己的各种饰物，随着人类文明的不断发展，逐步演变成用金属和贵金属来制作首饰。随着经济的发展，形成了一种古老的行业——银楼业。

上海是我国早期银楼业的发祥地。明朝末年，当时松江府的日丰金铺是上海银楼最早的雏形。清乾隆三十八年（1773年），上海城内建立了第一家银楼——杨庆和银楼。此后，银楼业日益发展。到了清道光年间（1821—1850年），上海银楼业出现一派繁华景象。

上海老凤祥银楼的前身——凤祥裕记银楼于（1848年清道光二十八

老凤祥的商标

年）初创。创始人是费祖寿。1902年，才13岁的费祖寿背井离乡来到上海，先在老西门一家银楼当学徒，26岁当上了副经理。1919年，他终于继承了父业，从费汝明手上接任老凤祥银楼经理。他聘用的能工巧匠，善雕琢、精镶嵌，其制作的礼器饰品，花式品种繁多，加工精致细巧。尤为突出的是银制礼品，倍受顾客欢迎。

1937年7月，国民党政府实行了经济紧急措施，禁止黄金自由买卖，银楼业受到更大的冲击，老凤祥也不能幸免。

1945年以后，银楼业动荡不定，市场开始萧条，大批银楼，其中包括老凤祥部分银楼也停业了。1952年1月，老凤祥银楼正式更名为"国营上海金银饰品店"，并于1952年6月正式对外营业。1958年7月改名为"上海金银制品厂"。

1982年8月，改名为"上海远东金银饰品厂"，生产12K金、14K金和18K金的戒指、项链、挂件三类产品。

1985年1月，上海远东金银饰品厂门市部改名，恢复并启用"老凤祥银楼"招牌。

2012年1月，老凤祥珠宝香港有限公司正式成立并运营。

2012年8月，老凤祥在澳大利亚悉尼开设了第一家海外特许专卖店。

2013年10月，老凤祥珠宝美国有限公司成立。

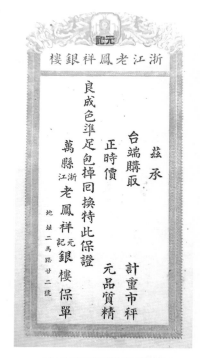

民国时期老凤祥银楼的保单

流　程

老凤祥最独特的工艺就是金银摆件工艺。金银摆件的制作技术，统称大件技术，其中半立体抬压是摆件的主要技术，又称阳花抬压，是采用较复杂的手法，在平面材料上用各类钢凿抬压出有立体效果的花纹，类似浮雕。表现的题材相当宽广，花草、鸟鱼、山水、人物、建筑皆适宜。

阳花抬压一般工艺过程是：取金银片、上胶水板、贴样、錾轮廓线、起胶抬压，然后是上胶成型、开色（錾出花纹）、起胶、成品。

现代的老凤祥产品八宝熏香炉

近几年，飞马拉车、飞天、双马奔驰摆件获中国香港足金首饰设计比赛的优胜奖。"女娲补天"摆件获轻工优秀出口产品金质奖。

老凤祥一般器皿摆件的工艺流程为：来料、成型材、铸模压制、焊接、修饰整形、电镀光亮、成品。此外，还有泥塑、钣金、拗丝、镶嵌、雕琢等各种技法。

文盛斋：古老流程制灯笼

文盛斋创办于清嘉庆年间，是自产自销灯画扇的老字号商店，品种有宫灯、纱灯、花灯、壁灯、会灯、年灯、玩具灯等。文盛斋制作的宫灯，硬木作架，古色古香，深受人们喜爱。

渊　源

文盛斋创办于清嘉庆年间，创始人张某是河北深县人，张某死后，其女儿继承了文盛斋。

晚清时，文盛斋多为京城的宫廷、王府制作宫灯。这种灯，晚清和民国初年，多悬挂在王府、大户门口，起显示身份和照明作用。

1915年，文盛斋的灯彩参加巴拿马国际博览会荣获两枚金牌。

北京解放后，文盛斋和廊房头条街

清代掐丝珐琅凤凰宫灯

上的几家灯彩店经过公私合营，组成北京市美术红灯厂。

20世纪80年代初，琉璃厂地区改造，文盛斋生产车间搬到位于南三环的分钟寺村，工厂正式更名为"北京红灯厂"。红灯厂制作的宫灯都是以出口为主，还肩负着制作国庆节天安门城楼专用灯笼的任务。

20世纪90年代，开始自营出口，受出口下降和西式灯具的冲击，销量日趋递减。至今，文盛斋仍生产各式彩灯，只是民间的销路已大不如前。

2008年，北京宫灯入选国家级非物质文化遗产名录。

《明宪宗元宵行乐图卷》中儿童打灯笼的场景

流　程

从工艺角度讲，宫灯的主要工序有木活、画片、流苏。木活又包括锼活儿（用锼弓子锼花牙子图案）、磨工、上漆皮儿和喷漆几道工序。宫灯主要靠木活支撑起来，宫灯不用一根钉，全部是榫卯结构。

工艺流程包括：锼、雕、刻、镂、烫等，从木工备料、开料，到雕刻、拼接、黏合，少不了还要抛光、打蜡、上漆，再贴绢或上玻璃，最后插上龙头、挂上流苏。

制灯所用木料，以两广出产的花梨、檀香和紫檀为上选，梨、枣次之。雕刻时以铁丝锯穿，再用刀刻，然后用铁丝磨其空隙。

老邮票上的宫灯图案

王开：画面匀润人物柔

王开照相馆成立至今已有近100年历史，是上海乃至中国摄影行业综合实力最强的企业之一。王开以其特有的摄影艺术表现手法和风格独树一帜，"王开照相"品牌久负盛名、享誉海内外。

渊　源

上海最早开设的照相馆是在三马路（今汉口路）上的"苏三兴"，开业没多久就停业了。此后在上海照相行业崭露头角的是耀华、英昌、宝记、同生4家，人称上海照相业的"四大天王"。

当时15岁的王开进上海耀华照相馆当学徒。后入同生、美利丰照相馆任摄影。

1923年，在南京路独资开设王开照相馆，主要业务是拍摄人像照、结婚照、合家欢等各类照片，兼营照相器材，但生意依然比较清淡。为大力提高知名度，吸引更多的顾客，他不惜大量投资做广告宣传。渐渐地，人们都知道了南京路上有这样一家照相馆。为提高企业知名度，扩大社会影响，1927年"远东运动会"和1929年的"奉安大典"，王开均参与摄影，制作的新闻相片上都加印"王开"标志，由此声名大振。

1946年，王开自备发电机，首家安装冷气，以舒适的环境吸引顾客。1948年又率先开拍天然五彩照相，以优质的产品取悦顾客。不仅如此，王开选用的底片、相纸、洗印药水等照相原材料，都是上乘品牌，绝不以次充好。抗战期间，他因积极抵制日货而不用日本产品，为了保证质量，不惜出高价从美国、德国买来高档原材料使用。

民国时期的王开照相馆

中华人民共和国成立后，王开照相馆经历公私合营，扩大经营规模，与"中国""人民""爱好者"一道跻身上海四大特级照相馆之列。

20世纪80年代初，彩色胶片刚刚引入中国，王开照相馆巨资引进柯达彩色扩印机、快速冲印机、放大机，在国内率先推出彩色摄影业务。

2005年，王开照相馆由国有企业改制成民营企业，更名为"上海王开摄影有限公司"。

流　程

王开照相馆最广为人知的得数民国年间的明星照。王开照相馆几乎珍藏着二十世纪三四十年代所有上海滩当红明星的原版留影。过去，王开照相馆有这样一个规矩：凡是上镜漂亮的，王开照相馆会送一套照片，同时把样照放在橱窗里展览。而当时众多电影导演常通过这些照片来寻找合适的演员，这样的机遇自然吸引了一大批明星和想成为明星的人。周璇、胡蝶、黎莉莉、阮玲玉、张织云、陈燕燕、陈云裳、黄柳霜等上海滩头光鲜亮丽的影视

早期王开照相馆的包装袋

明星都是王开照相馆的常客。为了让照片上的明星光彩照人，王开照相馆还善于运用特殊程序，比如在底片上用铅笔或毛笔将眼睛修大一些，将翘了的衣领整平。这个时期的照片虽以黑白为主，同时也出现了有彩着色，王开照相馆的手工着色代表了当时照相馆的最高工艺，它与彩色胶卷有着细微的差别，讲究光影的自然衔接、和谐过渡，具有油画效果，甚至可以在底片上添加晚霞、云彩、柳树等装饰。

王开照相馆所拍摄的结婚照会使新人红颜长驻、永不褪色，秘诀就在于照片上的药水一定要漂洗干净，除去能引起化学反应的各种诱因。王开照相馆设有专人负责漂水这道工序，坚持用"四层水洗"过滤药水，直到彻底漂清，照片因而能存放很长时间。